다락원
명작노트
038

주홍 글씨

The Scarlet Letter

내서니엘 호손

 다락원 WILEY
Publishers Since 1807

세계의 교양을 읽는다

고전을 왜 읽는가?

인간의 삶과 세상에 대한 영원한 물음이 있기 때문이다. 시대와 사상을 뛰어넘어 지금 여기 우리에게 필요한 물음이 없는 고전은 더이상 고전이 아니다. 인간과 삶에 대한 근원적인 물음 없이 고전을 읽는다면 자신과 인간에 대한 성찰과 지혜로 이어지지 않는다. 논술 시험 때문에, 과제물 때문에, 아니면 남들이 읽으니까, 나도 읽는다는 식이라면 그 책은 죽은 책일 수밖에 없다.

고전을 살아 있는 책으로 만드는 이 '물음!'에 답하기 위해서는 좋은 길잡이가 필요하다. 40년 이상 미국의 고교생과 대학 주니어들이 시험, 에세이 작성, 심층토론 준비를 위해 바이블처럼 애용해온 'CliffsNotes'와 'SPARKNOTES'는 바로 그런 좋은 길잡이의 표본이다. 이 두 시리즈가 원조 논술연구모임인 '일이관지(一以貫之)' 팀의 촌철살인적 해설을 곁들여 〈다락원 명작노트〉로 재탄생해 논술로 고민중인 대한민국 학생 여러분을 찾아간다.

CliffsNotes와 SPARKNOTES의 가장 큰 장점은 방대하고 난해한 고전을 Chapter별로 요약하고 분석해서 원전의 내용에 보다 쉽고 체계적으로 접근하는 신속·간편성이라고 할 수 있다. 여기에 '一以貫之'팀이 원전의 중요한 문제의식, 즉 근원적 '물음'은 무엇이며, 그 '물음'은 오늘날에도 여전히 유효한가, 라는 질문을 다시 던진다.

대입논술로 고민하고, 자칭 타칭의 고전이 넘쳐나는 오늘의 독서풍토에서 지적 정복이 긴박한 대한민국 학생들에게 감히 이 시리즈를 자신 있게 권한다.

一以貫之 논술연구모임 연구실장 이호곤

차례

이 책의 활용법

CliffsNotes와 SPARKNOTES는 방대한 원작을 보다 쉽게 이해할 수 있도록 돕는 안내서입니다. 원작 이해를 돕기 위해 작가와 작품에 대한 배경지식, 그리고 매 장마다 간단한 '줄거리'와 '풀어보기'가 실려 있습니다. '줄거리'를 통해서는 원작의 내용을 명쾌하게 파악함으로써 독서의 즐거움을 느낄 수 있을 것입니다. '풀어보기'에는 원작에 담긴 문학적 경향, 등장인물의 심리상태, 시대상, 주제 등을 설명해 놓았습니다. 비판적 글읽기의 바탕이 되는 요소들이죠. 비판적 글읽기는 소설과 비소설 작품을 막론하고 책을 읽을 때 꼭 필요한 자질입니다.

그 밖에도 작품을 좀더 심오하게 분석할 수 있도록 '마무리 노트', 'Review' 등을 마련해 놓아 독자 여러분의 글읽기를 돕고 있습니다.

CliffsNotes에는 특히 관심을 갖고 읽어야 할 필수요소를 강조하기 위해 다음 네 가지 아이콘을 사용하고 있습니다.

 작품 속에 내재된 주제를 드러내줍니다.

 등장인물의 속내를 알 수 있도록 도와줍니다.

 배경, 분위기, 열정, 폭력, 풍자, 상징, 비극, 암시, 불가사의 등의 요소를 밝혀줍니다.

 단어와 문구의 미묘한 느낌을 감상할 수 있도록 해줍니다.

* 〈 〉는 장편소설, 중편소설, 논픽션, 시집. "   "는 수필집, 단편소설

❍ 일이관지(一以貫之) 논술노트

권말에는 一以貫之 논술팀에서 작성한 논술 노트가 실려 있습니다. 원작을 우리의 삶과 연계시켜 비판적 사고와 논리적 글쓰기의 방향을 제시합니다.

❍ 실전 연습문제

논술예제와 기출문제를 통해서는 원작을 바탕으로 출제 가능성이 높은 논점을 함께 숙고해 봅니다.

작가 노트

작가의 생애

●성장기

　내서니엘 호손 Nathaniel Hathorne은 1804년 6월 4일 선장인 내서니엘 호손과 엘리자베스 클라크 매닝 호손 부부의 외아들로 태어났다. (그는 대학을 졸업한 뒤 자기 성(姓)에 w를 추가해서 Hawthorne으로 쓰기 시작했다.) 네 살 때인 1808년 아버지가 작고한 뒤, 어머니와 두 누이동생과 함께 외가로 가서 살게 된다. 여기서 호손은 주로 여자들 가운데서 자랐다. 이런 환경으로 인해 수줍음과 내성적인 성격이 나타난 것으로 보인다

　호손의 일생을 놓고 보면 독서의 즐거움과 외가에 의존해 사는 데서 오는 원망스러움이 뒤섞인 시기였다. 어린 시절, 호손은 후에 유명한 사전편찬가가 된 조셉 E. 워스터와 함께 공부했으나, 학교를 그리 좋아하는 편은 아니었다. 아홉 살 때는 발을 다쳐서 1년간 집에서 쉬었는데, 이때 셰익스피어, 스펜서, 번연과 18세기 소설가들의 작품이 좋은 친구가 되었다.

　이 무렵 호손 부인은 메인 주 레이먼드에 소재한 친정 집 소유의 농장으로 가족을 이끌고 이사했다. 이 시절에 대한 내서니엘의 가장 즐거운 추억은 들판을 맘껏 뛰어다니고, 하루 종일 낚시를 하거나 낡은 엽총으로 새를 잡으러 다닌 일이

었다. 황야에서 지낸 이런 한가한 생활은 상상력을 풍부하게
해주었으나 2년에 걸친 대학 진학 준비를 위해 1819년 세일
럼으로 돌아오면서 끝났다.

●학업

호손은 1821년 메인 주 브런즈윅에 있는 보우도인 대
학에 입학한다. 급우들 가운데는 저명한 시인이자 하버드 대
학 교수가 된 헨리 워즈워스 롱펠로*와 미국의 14대 대통령이
된 프랭클린 피어스가 있다.

1825년 대학을 졸업한 호손은 장래 희망에 관해서 이
렇게 피력했다. "나는 의사가 되어 사람들의 질병으로 돈을
벌고 싶지 않고, 목사가 되어 사람들의 죄로 생계를 유지하고
싶지도 않고, 변호사가 되어 사람들의 다툼으로 벌어먹고 싶
지도 않다. 그래서 작가가 되는 것 이외에 나에게 남겨진 길은
아무것도 없다."

●작가로서의 초년기

그 후 12년간 호손은 어머니의 집 이층 방에서 문필 수
업을 하면서 고립된 삶을 살았다. 이때부터 그는 떠오르는 생
각을 메모하거나 묘사해 두곤 했는데 이 습관은 일생 동안 계

---

* **롱펠로** (Henry Wadsworth Longfellow, 1807-82) : 미국 시인. 대표작 〈에반젤린〉.

속되었다. 현재 이 메모들은 그의 작품의 주제나 사상, 문체 실험 등에 관한 풍부한 정보의 원천이 되고 있다.

　　1828년에 처녀작 〈팬쇼 *Fanshow: A Tale*〉를 자비로 출판했다. 〈팬쇼〉는 짤막한 고딕 소설*이었고 졸작이었다. 그는 이 소설에 불만을 느껴서 아무도 읽지 못하도록 전량 걷어 들이려고 했으며, 그 후 거의 25년간 장편소설을 한 권도 내놓지 않았다. 대신 1838년까지 평생 창작한 단편소설 가운데 3분의 2를 이 시기에 썼다. 이 단편들 중 어느 것 하나 주목받지 못했고 호손 자신도 단편 선집을 출판하는 데 관심이 없었다. 그러나 1837년에 대학 동창인 호레이쇼 브리지의 후원으로 잡지에 발표한 단편들을 모아 단편선집인 〈트와이스톨드 테일스 *Twice-Told Tales*〉를 펴냈다. 그의 절친한 친구인 롱펠로가 이 책을 격찬하는 비평을 써주었다. 혹평을 잘하기로 유명한 에드거 앨런 포**도 호손의 작품을 높이 샀을 뿐만 아니라 호손의 소설들을 가지고 유명한 단편소설론을 썼다. 〈트와이스톨드 테일스〉는 오늘날에도 걸작으로 꼽히고 있다.

---

* **고딕 소설**: 18세기 후반에서 19세기 초에 영국에서 유행한 소설. 기괴한 사건을 주로 다루면서 신비감과 공포감을 자아낸다.

** **포** (Edgar Allan Poe. 1809-49): 미국의 천재 시인이자 소설가, 비평가. 대표작 〈어셔 가의 몰락〉.

●공동체 생활과 결혼

호손은 1838년 소피아 아멜리아 피버디를 알게 되어 이듬해 약혼을 한다. 이 즈음 호손은 보스턴 근교 웨스트 록스버리에 브룩 팜 공동체를 건설하는 데 1,000달러를 투자한다. 거기서 그는 사상가이자 문학가인 랠프 월도 에머슨과 헨리 데이비드 소로를 알게 되었다. 이 초월주의(超越主義)* 사상가들은 호손에게 큰 영향을 주어서 자연과 인간의 진실을 탐구하는 데 지성보다는 직관을 중시하게 했다. 호손은 1841년 11월 이 공동체를 떠난다. 공동체의 견해에 실망한 데다가 일에 지치고 아내를 부양할 수 있는 재정적인 희망이 사라졌기 때문이다. 하지만 이 공동체 농장을 통해 소설 〈블라이스데일 로맨스 Blithedale Romance〉의 소재를 얻었다.

그는 브룩 팜을 떠나 보스턴으로 가서 민주평론(Democratic Review) 지에 원고를 기고하기 시작한다. 1842년 7월 9일 보스턴에서 결혼한 호손과 소피아는 매사추세츠 주 콩코드로 이사했고, 에머슨이 〈자연론 Nature〉을 쓴 집으로 유명해진 '올드 맨스 Old Manse(구 목사관)'에서 살았다.

---

* **초월주의**: 19C에 미국의 사상가들이 주장한 관념론에 의한 사상개혁 운동. 현실세계의 유한성을 부정하고 감각으로는 파악할 수 없는 초월세계가 실재함을 믿음으로써 반대로 현실세계의 무한성을 찬미했다.

저술 활동

'올드 맨스'에서의 생활은 행복하고 생산적이었으며, 이때가 작가의 생애 중 가장 행복했던 시기였다. 갓 결혼한 아내와 사랑 속에 살면서 에머슨, 소로, 마가렛 풀러, 브론슨 올컷 같은 당대의 대표 문인들에 둘러싸여 지냈기 때문이다. 이 시기에 호손은 '민주평론' 지에 많은 글을 기고하면서 1846년 〈낡은 목사관의 이끼들 *Mosses from an Old Manse*〉로 출판될 이야기들을 창작했다.

그러나 재정적인 문제는 늘 호손 가족을 괴롭혔다. 첫 아이 유너의 출생으로 안정된 직업을 구하지 않을 수 없게 된 호손은 옛 친구들의 도움으로 세일럼 항(港) 세관의 감독관으로 취직했다. 새로운 직업으로 재정 문제는 완화되었으나 글을 쓸 시간을 내기 어려워졌다. 그럼에도 불구하고, 이 시기에 청교도 조상들에 관한 소설을 구상하고 있었다. 그리고 1848년 선거에서 공화당이 승리하는 바람에 일자리를 잃게 되면서 〈주홍 글씨 *The Scarlet Letter*[*]〉를 쓸 시간적 여유가 생겼다.

● 창작의 황금기

이 시기에 호손은 일생에서 가장 훌륭한 산문을 여러

---

* 이 소설의 제목에서 'Letter'는 여주인공 가슴에 새겨진 '글자'를 의미하므로 '글씨'라는 번역은 잘못된 것이다. 그러나 대다수 번역본이 '주홍 글씨'라는 제목을 사용하고 있으므로 독자들의 편의를 위해 여기서는 〈주홍 글씨〉로 표기한다. 편집자 주.

편 쓴다. 1849년에 발표한 〈주홍 글씨〉는 그의 명성을 크게 높여주었다. 이 소설은 미국은 말할 것 없고 해외에서도 뜨거운 반응을 얻었지만, 작가의 생전에는 8,000권밖에는 팔리지 않았다.

그해 호손 가족은 매사추세츠 주 레녹스로 이사했고, 거기서 허먼 멜빌을 사귀게 된다. 호손은 이 젊은 작가에게 많은 격려를 해주었고, 나중에 멜빌은 〈모비딕 *Moby - Dick*〉을 호손에게 헌정했다. 레녹스의 '작은 붉은 벽돌집'에서 살던 시기에 호손은 〈일곱 박공의 집 *The House of the Seven Gables*〉과 기타 몇 권의 책을 써서 1851년에 출판했다.

이 무렵에 둘째 딸 로즈가 태어났으며, 호손 가족은 웨스트 노턴으로 이사했다. 여기서 호손은 브룩 농장에서의 경험을 토대로 한 소설 〈블라이스데일 로맨스〉와 〈어 원더 북 포 걸스 앤 보이스 *A Wonder Book for Girls and Boys*〉를 완성하여 출판했다. 당시 어린이들을 위한 문학 작품이 드물었기 때문에, 호손의 책은 독보적이었다.

● 장년기의 작품 활동과 해외 생활

호손 가족은 콩코드에서 영구 정착할 집과 땅을 마련했다. 초월주의 작가이며 루이자 메이 올컷의 아버지인 브론슨 올컷으로부터 사들인 것이었다. 호손은 그 집을 '더 웨이사이드 The Wayside'라고 이름짓고 1952년 5월에 이사했다. 여기서 그는 두 권의 책을 썼다. 어린이들을 위한 동화 선집인 〈탱글우드 이야기 *Tanglewood Tales*〉와 대학 동창 피어스의 선거 운동용 전기(傳記) 〈피어스의 일생 *A Life of Pierce*〉이 그것이다. 나중에 대통령이 된 피어스가 호손을 영국 리버풀 주재 영사(領事)로 임명하면서, 그는 향후 7년간 유럽에서 살았다.

영사로 근무하면서 호손은 소설을 쓰지는 않았다. 그러나 1863년에 출판된 영국의 풍경과 인상, 영국인들의 삶과 예절 따위를 소재로 한 〈우리의 옛 고향 *Our Old Home*〉의 자료가 될 일기를 계속 써내려갔다. 이탈리아에 체류하는 동안에는 후에 미국에서는 〈폰신(神)의 대리석상 *The Marble Faun*〉으로, 영국에서는 〈변화 *Transformation*〉라는 제목으로 출판된 마지막 장편소설의 자료를 수집하고 기록했다.

만년의 삶

1863년 무렵, 병을 앓게 된 호손은 1864년 5월, 피어스와 함께 휴양차 뉴햄프셔로 여행을 떠났다가 1864년 5월 19일 플리머스에서 숨을 거두었고, 콩코드의 슬리피 할로 공동묘지에 묻혔다. 미국의 최고 작가 가운데 한 사람으로 칭송받던 그의 장례식에는 많은 동료 작가들이 참석해 명복을 빌어주었다. 롱펠로, 홈즈, 로웰, 에머슨 등이 그의 관을 운구했다. 오늘날 그는 워싱턴 어빙, 에머슨, 소로, 올컷 등 저명인사들과 아내 소피아와 더불어 이 묘지에 안장되어 있다.

작품 노트

작품의 개요

"세관 생활은 한갓 꿈처럼 내 뒤에 존재하고 있다… 이와 마찬가지로 오래지 않아서 나의 고향 마을도 안개가 그 위와 주위를 덮어, 기억이라고는 아지랑이를 통해서 내 눈에 희미하게 떠오르리라. 마치 현실의 지상에 있는 땅이 아니고, 다만 공상 속의 주민들이 목조 가옥에 살면서, 그 보잘것없는 골목길과 볼품없이 길게 뻗은 큰 길을 걷고 있는, 나무가 우거진 구름 나라의 마을에 지나지 않는 것처럼… 하지만 참으로 황홀하고 신나는 생각이지만, 현세대 사람들의 증손뻘이나 될 사람들이 때로는 지나간 시대의 한 문필가를 따뜻한 마음으로 생각해 주는 일이 있을지도 모른다…"

1800년대 중반 내서니엘 호손이 〈주홍 글씨〉의 서문인 '세관(稅關)'에서 위의 글을 쓰고 있을 때, 1세기가 지난 후에도 수많은 독자들이 '지나간 시대의 한 문필가를 생각하고,' 그의 소설이 베스트셀러가 되어 있을 줄은 꿈에도 상상하지 못했을 것이다. 그의 글 속에 나오는 매사추세츠 주 세일럼을 덮고 있는 상상의 안개는 이 소설의 무대를 자욱하게 덮고 있는 것과 똑같은 분위기다. 역사책에서 보스턴을 찾아보면, 호손의 이야기에 나오는 마법적이고 괴기스러운 요소를 발견하지는 못할 것이다. 그 이유는 이 천재 작가가 보스턴을 어둠과 안개가 덮여 있고, 햇빛과 그늘의 숲으로 둘러싸여 있는 정착지로 꾸며 놓았기 때문이다. 호손은 〈주홍 글씨〉를 쓰면서 자신이 심리소설이라고 이름 붙인 하나의 픽션 형태를 창조해서 작품 전체에 고딕 문학적 요소들을 불어넣었다. 그의 작품을 모방한 소설들이 나중에 줄을 이었지만, 〈주홍 글씨〉만큼 많은 독자를 얻거나 호평을 받은 작품은 없다.

호손은 1840년 9월에 〈주홍 글씨〉를 쓰기 시작해서 이듬해인 1850년 2월에 탈고했다. 이 책의 출판으로 그는 문학적 명성을 얻었고, 일시적으로나마 재정적 부담에서 벗어날 수 있었다. 이 소설은 호손 자신의 독서와 연구의 결정체로서 청교도 문제와 죄악, 범죄, 그리고 감정과 지성 사이의 인간적 갈등을 다룬 하나의 문학적 실험이었다. 〈주홍 글씨〉는 1850년 3월에 초판이 나온 이후 지금까지도 끊임없이 인쇄되고 있다. 〈주홍 글씨〉가 세대를 이어 큰 인기를 누리는 이유는, 아마도 이 작품의 아름다움이 다층적인 의미와 상징을 가지고 있고 등장인물들이 모호성, 불확실성을 지니고 있는 데 기인하는 것 같다. 각각의 세대는 그것을 나름대로 풀이하고 그 신비스러운 의미와의 연관성을 살펴보면서, 많은 평론가들이 '완벽한 책'이라고 말한 이 작품 배후에 숨겨진 작가의 천재성을 감상할 수 있기 때문이다.

과거에 대한 관심은 호손에게 새로운 것이 아니었다.

어린 시절 그는 제임스 페니모어 쿠퍼*와 월터 스콧**의 역사소설을 즐겨 읽었다. 하지만 호손은 기존의 책에 나오는 전형적인 등장인물들을 뛰어넘어서, 소위 '심리 소설'을 창작하려고 했다. 소설의 전통적 기법은 모두 가지고 있으면서 자신과 갈등하는 인간의 모습을 깊이 탐구하는 그런 작품을 쓰고자 했던 것이다.

1850년 이전에 나온 호손의 작품들은 앞으로 심리 소설의 걸작이 나올 것을 암시했다. 〈얌전한 소년 *The Gentle Boy*〉에서는 인간 감정을 이해하지 못하는 청교도들과 만난 한 감정적인 사람에 관한 이야기를 썼다. 죄악의 모호성은 또 다른 이야기인 〈어린 남편 브라운 *Young Goodman Brown*〉의 주제가 되었다. 이 소설들은 호손이 〈주홍 글씨〉의 몇몇 주제를 발전시키는 데 도움이 되었다. 단편 "래퍼치니의 딸 Rappaccini's Daughter"과 "모반 The Birthmark"도 〈주홍 글씨〉보다 앞선 작품으로, 여기서도 〈주홍 글씨〉의 등장인물인 칠링워스의 차가운 지성을 볼 수 있다. 이 작품들은 인간적인 동정심과 열정이 결여되어 사랑하는 사람들을 희생시키는 남자들을 그리고

---

* **제임스 페니모어 쿠퍼** (James Fenimore Cooper. 1789-1851): 뉴저지 주 벌링턴 출생. 1823년 역사 로망스 〈개척자들〉을 시작으로 〈모히컨의 최후〉 등 18년에 걸쳐 다섯 권으로 된 가죽각반 이야기를 성공시켜 작가로서의 명성을 얻음. 이 연작은 건국 초기 미국의 변방지역을 배경으로 인디언과 백인 문명이 만나면서 벌어지는 사건을 다루고 있다.
** **월터 스콧**(Walter Scott. 1771-1832): 영국 에든버러 출생. 웨이벌리 소설 시리즈를 통해 역사 소설의 장르를 개척한 소설가이자 시인으로 스코틀랜드의 역사를 널리 알림.

있다. 이런 생각은 〈이선 브랜드 *Ethan Brand*〉에서 지성과 감성의 갈등에 관한 더 깊은 연구로 발전한다. 이 이야기에서 호손은 감성이 지성을 지배하는 것을 용서할 수 없는 죄로 규정했고, 이 생각을 〈주홍 글씨〉에서 복수의 화신이 된 남편 칠링워스의 모습으로 발전시켰다.

독자들은 〈주홍 글씨〉를 읽기 전에 현실적인 것과 비현실적인 것, 실제와 환상, 있을 수 있는 일과 없는 일 등을 만날 마음의 준비를 갖추고 있어야 한다. 무엇이 진실이고, 무엇이 환상인가? 무대는 성서를 읽고, 법을 만들고, 판결을 내리는 청교도들이 사는 보스턴이다. 그 주위를 악마의 숲이 둘러싸고 있다. 잠깐씩 햇빛이 가득하기도 하지만 늘 어두운 숲은 법을 어긴 사람들과 욕정에 끌린 사람들의 고향이다. 풍부한 상상력을 가지고 호손과 함께 이 무대에 들어가면, 독자는 잊을 수 없는 이야기를 발견하게 될 것이다.

줄거리

1642년 청교도들의 정착지 보스턴에서 공개 형벌을 구경하기 위해 군중이 모여들고 있다. 그 자리에서 헤스터 프린이라는 여인이 간통죄를 범한 것으로 드러나 수치의 상징으로 옷 위에다 '간통 adultery'을 뜻하는 주홍색 A자를 달고 살아가게 된다. 게다가 그날은 세 시간 동안 대중으로부터 창피를 당하며 처형대 위에 서 있어야만 한다. 헤스터가 처형대로 다가갈 때, 군중 속의 많은 여자들은 그녀의 아름다움과 침착하고 당당한 모습을 보고 분노한다. 그녀는 사생아의 아버지가 누군지 이름을 대라는 요구와 설득을 받으면서도 결코 말하지 않는다.

헤스터는 군중을 훑어보다가 몸이 기형인 왜소한 사나이를 발견하고, 그가 오랫동안 사라졌던 남편임을 알아본다. 항해중 바다에서 실종된 것으로 여겨졌던 그는 아내가 수모당하는 것을 보고 군중 속의 한 사람에게 연유를 물어서 아내의 간통 이야기를 듣게 된다. 분노한 그는 간통 행위의 상대자, 즉 아기의 아버지도 함께 처벌해야 마땅하다고 외치면서 그자를 반드시 찾아내고야 말겠노라고 마음속으로 다짐하고, 그 계획을 위해 이름을 로저 칠링워스로 바꾼다.

원로목사 존 윌슨과 젊은 아서 딤스데일 목사가 헤스터를 타이르고 다그치지만 그녀는 사랑하는 사람의 신원을 밝히지 않는다. 형벌을 마치고 감방으로 돌아온 직후 형리(刑吏)가 의사인 로저 칠링워스를 데리고 온다. 나무뿌리와 약초로 만든 약으로 헤스터와 아기를 진정시기 위해서다. 칠링워스는 형리를 물러가게 한 뒤, 먼저 아기 펄을 치료하고, 그 다음 헤스터에게 아기 아버지가 누군지 밝히라고 윽박지른다. 헤스터가 단호히 거절하자, 그는 자신이 그녀의 남편이라는 사실을 절대 밝히지 말라며, 만약 그 사실을 발설하면 아기의 아비를 파멸시키겠다고 경고한다. 헤스터는 나중에 후회할지 모른다고 생각하면서도 칠링워스의 조건을 받아들인다.

헤스터는 감옥에서 풀려난 뒤, 마을의 변두리에 있는 한 오두막집에 정착하여 삯바느질로 생계를 잇는다. 그녀는 딸 펄을 데리고 조용하고 침울한 삶을 살아가는데, 딸의 성격이 예사롭지 않아 걱정스럽다. 펄은 젖먹이 때부터 주홍 글씨 A에 매료되는 한편, 자라면서 성격이 불안정하고 어머니의 말을 고분고분 따르지 않는다. 이런 행동이 소문 나자 교회 사람들이 헤스터에게서 펄을 빼앗아버리자는 의견을 내놓는다. 당시로서는 전혀 놀라운 일이 아니다.

헤스터는 펄을 잃을지도 모른다는 소문을 듣고 곧 벨링엄 지사에게 탄원하기 위해 그의 저택으로 찾아간다. 윌슨 목사와 딤스데일이 지사와 함께 있다. 윌슨이 펄에게 교리문답에 관해 질문을 하자, 아이는 답을 알면서도 대답하지 않아, 어머니를 난처하게 만든다. 헤스터는 딤스데일에게 필사적으로 애원한다. 이 목사는 지사를 설득하여 헤스터가 펄을 양육할 수 있도록 해준다.

젊고 신망 받는 딤스데일 목사의 건강이 점차 악화된다. 때마침 등장한 의사 칠링워스가 목사와 한 집에서 지내게 된 것을 마을사람들은 다행스럽게 생각한다. 칠링워스는 딤스데일과 매우 가까운 사이가 되면서, 목사의 병이 어떤 죄를 고백하지 않은 결과라고 의심하기 시작한다. 그는 딤스데일이 펄의 아버지라는 의심을 품고, 목사에게 심리적 압박을 가해 간다. 어느 날 저녁, 잠들어 있는 딤스데일의 옷자락을 열어젖힌 칠링워스가 창백한 가슴 위에서 놀라운 것을 보게 된다. 바로 주홍색의 A자다.

어느 날 밤, 딤스데일 목사는 양심의 가책으로 고뇌하면서 몇 년 전 헤스터가 형벌을 받던 광장으로 달려간다. 처형대로 올라간 그는 헤스터와 펄을 보자 함께 있자며 부른다. 그는 그들에게는 죄를 시인하지만, 대중 앞에서는 죄를 고백할 용기가 없다. 그때 갑자기 유성 하나가 하늘에 거대한 A자 같은 걸 그리며 날아간다. 바로 그 시간 펄이 저만치 떨어져 이쪽을 지켜보고 있는 로저 칠링워스를 손가락으로 가리킨다. 헤스터는 딤스데일의 건강이 악화된 데 충격을 받고, 남편에게 한 침묵의 서약을 깨뜨리기로 결심한다. 그녀는 칠링워스와 그 이야기를 나누며 그 자신의 영혼을 구원하기 위해 복수에 대한 집념을 버리라고 타이른다.

며칠 후 헤스터는 숲 속에서 딤스데일을 만난다. 그녀는 옷에 붙은 주홍 글씨를 떼어내 던져버리고 칠링워스가 자기 남편이라고 밝히며 그가 복수심에 사로잡혀 있다고 일러준다. 그리고 두 사람이 함께 보스턴을 떠나 유럽으로 가서 새로운 삶을 시작하자고 설득한다. 목사는 이 계획으로 원기를 되찾아 새로운 힘을 얻은 것 같다. 그러나 펄은 어머니가 주홍 글씨를 다시 옷에 달 때까지, 두 사람을 인정하지 않는다.

딤스데일은 마을로 돌아오자 두 사람의 계획을 실행에 옮길 용기를 잃는다. 그는 다른 사람처럼 변하고 자신이 죽어 간다는 사실을 직감한다. 한편 헤스터는 유럽으로 떠날 배의 선장으로부터 로저 칠링워스도 같이 떠나게 될 것이라는 얘기를 듣는다.

선거 날 딤스데일은 매우 감명 깊은 설교를 하지만 축제의 행렬 속에서 비틀거리며 쓰러질 뻔한다. 그는 군중 속에 있던 헤스터와 펄을 불러 함께 처형대로 올라가서 사람들 앞에서 죄를 고백한 뒤, 헤스터의 팔에 안긴 채 숨을 거둔다. 나중에 그의 가슴에 주홍색 A자 형태의 반점이 있는 것을 보았다는 목격자들이 나타난다. 복수의 대상을 잃게 된 칠링워스는 얼마 후 죽으면서 펄에게 큰돈을 남겨준다. 그녀는 어머니와 함께 유럽으로 건너가 부자와 결혼한다.

몇 년이 지난 후, 보스턴으로 돌아온 헤스터는 다시 주홍 글씨를 옷에 달고 살면서 슬픔에 빠져 있거나 고통받는 여자들에게 언젠가는 밝은 세상이 올 것이라며 위로한다. 그녀는 죽어서 딤스데일 목사의 묘 옆에 묻힌다. 그들의 수수한 묘비에는 "검은 바탕에 주홍 글씨 A"라는 묘비명이 새겨져 있다.

등장인물

헤스터 프린 *Hester Prynne* 홀로 식민지에 온 젊은 여인. 남편은 나중에 합류할 계획이었으나, 항해중 실종된 것으로 여겨진다. 그녀는 죄를 공개적으로 시인한 사람을 상징하며 사회적·종교적인 구원의 여인상.

아서 딤스데일 목사 *Reverend Arthur Dimmesdale* 헤스터가 다니는 교회의 젊은 목사. 헤스터의 딸 펄의 아버지로, 숨겨진 죄인을 상징한다. 다시 말해 자신의 죄를 인정하면서도 그것을 밝히지 않고 비밀로 지키고 있다.

펄 *Pearl* 헤스터 프린과 아서 딤스데일 사이에 태어난 사생아. 그녀는 헤스터가 범한 죄의 살아 있는 표상이자 간통·열정·사랑 행위의 상징이다.

로저 칠링워스 *Roger Chillingworth* 헤스터 프린의 나이 많은 남편. 악과 악마의 심부름꾼의 상징이다. 동정심이 없고 오로지 복수심만 불태우고 있다.

벨링엄 지사 *Governor Bellingham* 역사적 실제 인물. 리처드 벨링엄은 1641년, 1654년, 1665년에 지사로 선출되었다. 〈주홍 글씨〉에서는 헤스터의 형벌을 주재한다. 존 윌슨 목사와 함께 청교도 신정(神政) 체제의 권위를 상징한다.

히빈스 부인 *Mistress Hibbins* 실존 인물로 벨링엄 지사의 여동생. 1656년 마녀재판에서 마녀로 몰려 처형된다. 이 소설에서는 헤스터와 딤스데일 두 사람의 죄를 알고 있는 초자연적인 능력과 사악한 힘을 상징한다.

존 윌슨 *John Wilson* 실존 인물로, 1630년에 보스턴으로 건너온 영국 출신
의 목사. 보스턴 청교도 신정 체제에서 종교적인 권위를 상징한다.

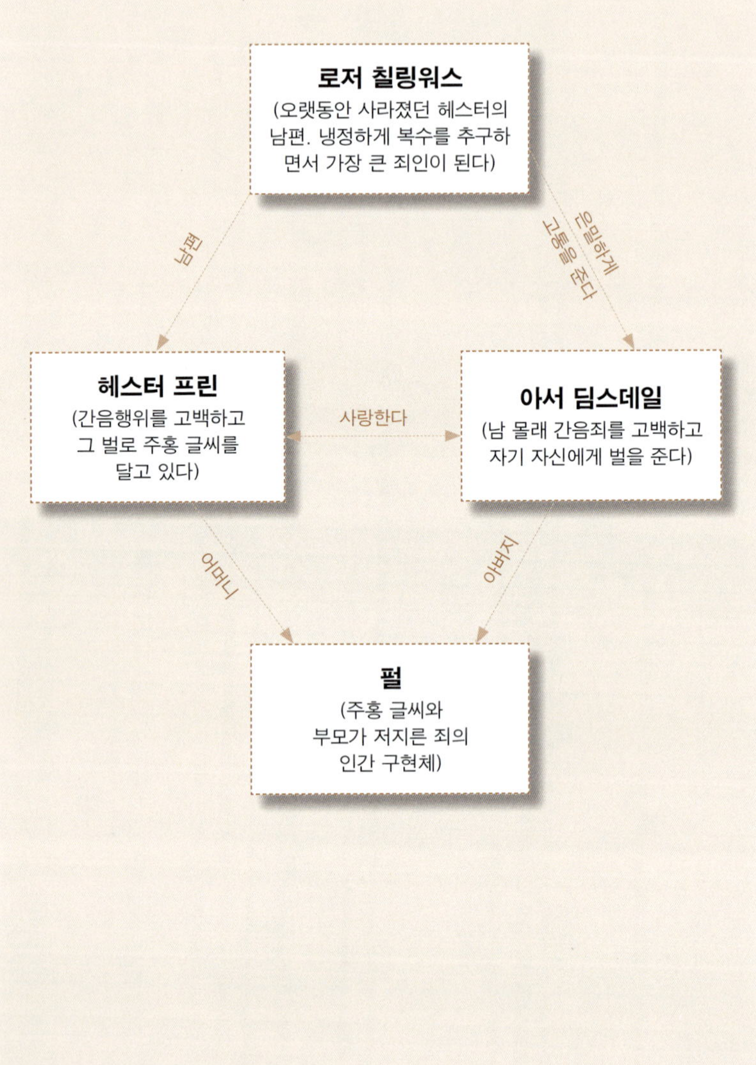
로저 칠링워스
(오랫동안 사라졌던 헤스터의
남편. 냉정하게 복수를 추구하
면서 가장 큰 죄인이 된다)
남편
은밀하게
고통을 준다
헤스터 프린
(간음행위를 고백하고
그 벌로 주홍 글씨를
달고 있다)
사랑한다
아서 딤스데일
(남 몰래 간음죄를 고백하고
자기 자신에게 벌을 준다)
어머니
아버지
펄
(주홍 글씨와
부모가 저지른 죄의
인간 구현체)

Chapter 별
정리
노트

세관(稅關)

: 줄거리

호손은 이 소설의 머리말 역할을 하는 긴 에세이로 〈주홍 글씨〉를 시작한다. 이 서장(序章)은 네 가지 중요한 역할을 한다. 첫째, 저자에 대한 자전적인 정보를 약술한다. 둘째, 예술적 충동과 상업적 환경 사이의 갈등을 그린다. 셋째, (호손이 다듬어서 완성시킨) 로맨스 소설이란 어떤 것인지 알려준다. 넷째, 이 소설의 토대가 어디서 온 것인지 그 출처를 밝히고 있다. 다시 말해 호손은 세일럼 세관에서 이 소설의 토대가 되는 역사적인 원고가 적힌 양피지와 빛바랜 주홍 글씨 A를 발견했음을 밝히고 있다.

: 풀어보기

이 머리말은 소설의 분위기를 조성하고 현재를 과거와 연결해 주고 있다. 1800년대의 세일럼 항에 대한 호손의 묘사는 역사적으로 사실이다. 1600년대에 매사추세츠에 처음 정착한 청교도들은 하나님의 가르침과 말씀에 따라 살아가는 사명에 충실한 식민지를 건설했다. 그러나 그들의 철학은 곧 1700년대로 접어들자, 상업주의와 재정적인 이해(利害)관계에 의해 사라져버렸다.

　　과거와 현재의 충돌은 늙은 장군이라는 인물을 통해서 탐색된다. 노장군의 특징에는 지나간 명성, 인내심, 성실함, 자비, 도덕적인 힘 등이 포함돼 있다. 그는 "뉴잉글랜드적인 불굴의 영혼과 정신의 소유자다." 그는 이제 은퇴하였으나, 세관의 우두머리로서 가끔 사무실에 얼굴을 내민다. 실제로 세관을 운영하는 주체는 부패한 공복들이다. 그들은 근무 시간에 슬그머니 빠져나가서 낮잠을 자기도 하고 밀수를 눈감아주거나 놓치기도 한다. 그들의 감독관은 '사고력, 심오한 감정, 그리고 감수성 따위를 전혀 지니고 있지 않은 사람'으로 정직하지만, 정신적 나침반을 잃어버린 사람이었다.

　　또 다른 과거와의 연결은 호손이 털어놓는 자기 조상들에 관한 이야기다. 호손은 자기 삶에 영향을 미친 조상의 역할에 관해 애증(愛憎) 섞인 감정을 품고 있다. 그는 자전적인 스케치에서 조상들을 '희미하고도 어렴풋하고', '거룩하고도 수염을 기른, 검은 외투를 걸치고 끝이 뾰족한 모자를 쓴', '가혹한 박해자'라고 서술한다. 그들은 좋은 일을 하기도 했지만, 악행으로 인해 묻혀버린다. 호손이 청교도들의 엄격한 도덕과 완고함을 경멸하고 있는 것은 분명하며, 자기 선조들은 오히려 자기를 경멸하고 있을 것이라고 생각한다. 조상들의 눈에는 자신이 성공하지 못하고, 무가치한, 수치스러운 인간으로 보일 것이라는 말이다. "겨우 이야기책을 쓰는 작가라니!" 하고. 그는 그런 견해에는 동의하지 않지만, 또한 그들과 본능적인 연대감을 느끼고 세일럼이라는 고장에 대해 애착을 갖고 있다. 그곳에 살았던 사람들의 피가 자신의 혈관에 남아 있는 것이다. 하지만 그는 그들의 편협함과 인간미 부족을 소설의 소재로 삼고 있다.

자기 조상과 고향에 관한 이런 양면적인 생각은, 예술적인 재능을 발휘할 필요성과 가족을 부양해야 하는 현실 사이의 투쟁과 나란히 존재한다. 호손은 1820년 여동생 엘리자베스에게 보낸 편지에서, "그 누구도 시인과 서기가 동시에 될 수는 없다"고 한탄했다. 에머슨, 소로, 채닝 등 다른 낭만주의 작가들에 관한 호손의 언급은 그가 지성적인 삶을 열망하고 있었음을 시사한다. 세관 일은 창의력과 상상력을 질식시키고 있었다. 그런데 우연히 찾아낸 주홍 글씨가 그의 영혼에 감동을 주게 된다.

문학적 이 서장(序章)에서 호손은 전 감독관 퓨 씨가 남긴 기장치 록을 뛰어넘어 헤스터 프린의 이야기에 더 많은 상상력을 불어넣으면서 로맨스 소설에 대한 작가 나름의 정의(定義)를 정립하고 있다. 이 부분을 유심히 읽어보면, 작가가 로맨스 소설의 주제를 전개시키는 주요한 기법으로 명암을 이용했다는 것을 알 수 있다. 호손은 어떤 빛과 시간과 장소에서는 물체가 "…그 실체를 잃고 지적인 듯이 보인다"고 말한다. 실제 시간과 장면으로부터 로맨스 작가는 "이상한 것을 꿈꾸고 그것을 진실처럼 만들어낼 수 있다"고 주장한다.

이 서문은 호손이 세일럼 세관에서 빛바랜 주홍 글씨와 이 소설의 토대가 될 역사적인 내용이 적힌 양피지를 발견했다고 설명함으로써, 이 소설이 믿을 만한 것임을 증명하고 있다. 하지만 우리는 호손이 양피지 원고를 실제로 입수했다고 보지 않는다. 이런 기법은 당시 작가들이 이야기에 사실 같은 분위기를 주기 위해 흔히 동원하던 방법이다.

Chapter 1

옥문(獄門)

이 장에서 17세기의 보스턴이 이야기의 무대로 등장한다. 6월 어느 날 질질 끌리는 옷을 입은 일단의 청교도들이 낡은 목재 교도소 앞에 서 있다. 교도소 앞에는 볼품없는 잡초들이 무성한 풀밭이 있고, 그 옆에 장미꽃 덤불이 자라고 있다. 장미꽃은 검은색이 지배하고 있는 이 장면에 어울리지 않는 것 같다.

호손은 이 장에서 곧 전개될 '인간의 약함과 슬픔에 관한 이야기'를 위한 분위기를 조성하고 있다. 그는 우선 이 소설의 주요 배경인 청교도 사회를 독자들에게 소개한다. 헤스터, 펄, 딤스데일, 칠링워스 등 주인공 각자에게 일어나는 일은 이 청교도 사회의 윤리, 도덕, 정신, 엄격함과 완고함으로부터 빚어지기 때문이다. 호손은 이 장에서 주인공들을 상징적으로만 소개하고, 다음 장에서 한 사람씩 실제적으로 소개한다.

1장에서는 청교도 사회의 쇠퇴와 추악함이 두드러지게 서술된다. 이는 청교도 사회와 문화를 상징하며, 이 소설이 침울한 이야기로 이어질 것임을 알려준다. 여기서 언급된 두 가지 장소인 교도소와 공동묘지는 그 사회의 '실질적인 필요'를 나타낼 뿐만 아니라, 형벌과 섭리(攝理)가 이 사회를 지배하고 있음을 가리킨다.

장미꽃의 아름다움은 주변의 모든 것과 대조를 이룬다. 아름답게 수놓은 주홍색 A자가 나중에 그렇게 되는 것처럼. 이 장미는 이어지는 비극적 이야기에서 '약간의 향기로운 도덕적 꽃'을 발견하라는 초대장이기도 하고, 자연(어쩌면 하나님)의 깊은 속마음은 청교도 이웃들보다 (잡초 속에 끼어 있는 장미 같은) 헤스터와 그녀의 아이를 더 따뜻하게 바라보고 있을지도 모른다는 것을 나타내는 상징이기도 하다. 이 작품에 등장하는 자연의 상징은 청교도들과 그들이 가진 제도의 짙은 어둠과 대조를 이룬다.

호손은 이 식민지가 일찍이 공동묘지와 교도소를 위한 땅을 따로 마련해 놓았다는 것을 특별히 기술하고 있나. 그것은 모든 사회가 초기의 좋은 의도와는 상관없이, 결국 인간의 본성(죄/벌/감옥)과 운명(숙명/죽음/공동묘지)의 현실에 굴복한다는 상징이다. 교회와 국가가 동일시되는 사회에서는 인간이 법을 어길 경우, 그는 종교적인 죄를 저지른 것이 된다. 아담과 이브 이래로 사회적 법률에 복종할 수 없는 인간의 본성은 파멸을 가져오고 있다.

문학적 장치 ─ 교도소 앞에서 무성하게 자라는 잡초 밭은 청교도 사회를 상징한다. 그럼에도 불구하고 자연은 장미로 상징되는 아름다운 것들도 품고 있다. 장미꽃은 호손이 구사한 강한 상징으로서 안목 있는 독자라면 그것으로 이 작품을 요약할 수 있을 것이다. 첫째, 그것은 야생적인 것, 즉 자연의 산물로서 하나님이 주신 것이거나 '교도소의 발밑에서 싹튼' 것이다. 둘째, 작가에 따르면, 그것은 '볼품없는 풀밭'에서 아름답게 피어 죄수들에게 '향기와 가냘픈 아름다움'을 던져준다. 셋째, 그것은 죄수가 감옥으로 들어가거나 '선고를 받고 형장으로 끌려 나갈 때, 자연의 깊은 마음이 그를 가엾게 여기고 친절을 베풀 수 있다는 표시'다.

문체 탐색 ─ 끝으로 작가는 이 소설을 이해하는 데 중요한 많은 상징들을 보여주고 있다. 예를 들어 이 장의 제목이 '옥문'인 것을 들 수 있다. 독자는 교도소에 특히 주의를 기울이고, 더 나아가 교도소의 문에 관심을 가져야 한다. "… 참나무 문에 박힌 육중한 쇠고리에 생긴 녹은 이 신세계의 어떠한 것보다도 더 고색 창연해 보였다." "…이 쇠고리는 젊은 시절을 전혀 모르고 있는 것 같다" 따위의 묘사는 전개될 이야기의 성격을 암시한다.

Chapter 2
장터

    교도소 밖에서 기다리는 청교도 여자들이 헤스터 프린과 그녀의 죄에 관해 악의적인 이야기들을 나누고 있다. 당당하고 아름다운 모습의 헤스터가 교도소에서 걸어 나온다. 그녀는 주홍색으로 정교하게 수놓은 A자를 가슴에 달고 석 달 된 아기를 안고 있다. A는 '간통(adultery)'을 뜻하는 글자다.

    헤스터는 냉담한 군중 사이를 지나 형틀이 있는 처형대로 인도된다. 부정(不貞)한 처신에 대한 벌로 홀로 처형대에 오르게 된 그녀의 뇌리에 영국과 유럽 대륙에서 살던 시절이 주마등처럼 스쳐 간다. 근엄한 얼굴들이 모두 자기를 쳐다보고 있음을 깨닫는 순간, 수치스럽게 벌을 받고 있는 자신의 처지가 불현듯 고통스럽게 느껴진다.

    독자들은 이 장에서 헤스터와 갓난아기 펄, 두 사람만 보게 되지만, 호손은 소설의 주인공 네 사람 모두에 대한 성격 묘사를 시작한다. 그는 헤스터의 외모를 묘사하고 그녀가 가진 배경을 설명하면서 그녀의 자존심과 수치심을 조명한다.

다음에 독자들은 펄을 본다. 2장의 마지막쯤 가서 헤스터가
꼭 끌어안자 아기는 울음을 터뜨린다. 펄은 어머니가 지은 죄
의 상징 가운데 하나(다른 하나는 주홍 글씨 A)이지만, 그보
다 훨씬 더 큰 의미를 가지고 있다. 그 아이는 사랑이라는 행

위의 산물이기 때문이다. 비록 사회적으로 금지된 사랑이지만, 그래도 사랑은 사랑이다. 독자들은 나중에 알게 되겠지만, 펄이 사회의 법칙에 순종하지 않는 이유가 바로 여기에 있다. 그 아이는 청교도의 규범이나 사회에서는 용납되지 않은 행위를 통해 잉태되었던 것이다.

헤스터와 펄과 더불어 독자들은 〈주홍 글씨〉에 나오는 다른 주인공 아서 딤스데일 목사와 로저 칠링워스의 모습도 얼핏 보게 된다. 헤스터와 딤스데일 사이의 얄궂은 관계는 아직 드러나지 않고 있다. 하지만 딤스데일 목사가 자기 교회에 다니는 헤스터에게 일어난 일에 연민을 품고 있다는 사실이 감옥 앞에 모인 여인들 중 하나의 입을 통해 전해진다. 그 여인은 딤스데일 목사가, "그런 추문이 자기 교회의 신도들 가운데서 일어났기 때문에 몹시 가슴 아파하고 있다"고 말한다. 로저 칠링워스는 아직 이름이 언급되지 않고 있지만, 독자들은 헤스터의 회상을 통해 그의 성격을 읽을 수 있다. 법적으로 여전히 헤스터의 남편인 이 사내는 '기형적인 체형의 학자'다.

2장에서 호손은 보스턴 식민지 정교도 사회노 그리고 있는데, 이 지역사회에 대한 비판적인 시각이 드러난다. 감옥 앞에 모여 헤스터를 비난하면서 신앙심이 깊은 체하는 여인들의 생각은 소름끼칠 만큼 끔찍하다. 특히 그들이 '시뻘겋게 달군 쇠로 그녀의 이마빼기에다' '굴러먹은 여자'라는 낙인을 찍어야 한다고 말할 때는 섬뜩하기 그지없다. 이 장면은 호손이 초기 미국 청교도 사회에 관해 못마땅하게 본 점들을 극적으로 적나라하게 나타낸 것이다. 하지만 그는 청교도 아낙네들이 모두 그처럼 지독하고 호전적이지 않다는 것을 보여주기 위해 마음씨 좋은 젊은 아낙네의 말을 빌리기도 한다. 헤스터의 고통을 동정하는 그 여인의 말은 그 자리에 모인 대부분의 여자들과는 크게 대조적으로 부드럽고 여성적이다. 그러나 이 젊은 어머니도 자기 아이에게 헤스터의 처벌을 목격하게 하여 사회의 도덕률이 다음 세대로 전해 내려가도록 하기 위해 아이를 데리고 나왔다는 점을 간과해서는 안 된다.

아기를 안고 나타나는 헤스터의 모습은 음울하고 근엄하기만 한 군중의 표정과 너무나 대조적이다. 그녀의 모습에서는 타고난 미모와 품위가 풍기고 있다. 그녀는 자기 어깨에 올려놓은 형리(刑吏)의 팔을 뿌리치고 햇볕 아래로 나온다. 끌려나오는 것이 아니라 자기 의사대로 당당히 걸어 나오는 듯이. 그녀의 모습 가운데 가장 놀라운 것은 옷에 붙은 주홍 글씨 A다. 수치의 상징이 될 그 글자가 금실로 정교하고 아름답게 장식되어 있다. 식민지가 선포한 '사치단속령'의 기준을 훨씬 넘어서는 화려한 치장이다. 빼어나게 아름다운 그녀의 표정은 지사와 목사들의 명령에 도전하는 것 같다. 주홍 글씨는 "정교하게 수를 놓고 기묘하게 장식되어 있어서" "그녀를 세상 보통 사람들과의 관계에서 떼어내, 그녀만의 세계에 가두어두는, 그런 마법의 힘을 가지고 있었다." 간통을 상징하는 그 글자의 붉은색은 독자들에게 장미꽃과 후에 밤하늘에 나타난 글자를 상기시킨다. 그 색채는 적어도 현재로서는 그녀의 죄와 결부되어 있는데, 이야기가 진행되어가면서 펄과 더 강력하게 연관된다.

문체탐색 이 장은 약간 무거운 역사적인 서술체를 구사하고 있고, 가끔 호손의 논평이 섞여 나온다. 또한 형리, 주홍 글씨, 펄 등의 상징이 이용되고 있다. 실제로 이 소설의 여러 가지 주제는, 등장인물과 자연적인 대상, 더 큰 사회적인 문제들로 나타나는 상징을 연구하면 분명해진다. 예를 들어서, 칼을 차고 종교적·사회적 권위를 상징하는 관장(官杖)을 들고 나타난 형리는 '무시무시하고 험악한' 모습으로 그려지고 있다. 이는 2장의 엄숙한 분위기와 형리가 속한 사회의 성격을 상징적으로 나타내고 있는 것이다. 소설이 전개되면서 헤스터가 저지른 불법적인 정사(情事)의 산물인 펄이 헤스터의 옷에 달려 있는 주홍 글씨 A와 더 강하게 엮인다.

Chapter 3

발견

헤스터는 군중의 바깥쪽에 서 있는 기형적인 왜소한 사나이를 알아보고 펄을 자기 가슴에 꼭 끌어안는다. 한편 보스턴에 처음 온 그 이방인도 헤스터를 알아보고 두려움에 잠긴다.

그 사나이는 주변사람들에게 물어서 헤스터의 사연을 알게 된다. 그녀는 간통죄를 저질러서 세 시간 동안 처형대에 서 있고, 간통을 상징하는 A자를 평생토록 옷에 달고 다녀야 한다는 것이다. 이 이방인은 헤스터가 관계를 가진 남자의 이름을 대지 않고 있다는 것도 알게 된다. 이런 사실에 크게 당혹한 그는 상대남자의 정체가 "드러날 겁니다! 그자가 누군지 드러나고 말구요!" 하고 장담한다.

딤스데일 목사는 어쩔 줄 몰라 하면서, 헤스터에게 공범의 이름을 밝혀달라고 간청한다. 그는 헤스터에게 이름을 대야 한다고 말한다. 그 사람은 죄를 시인하고 싶지만 그럴 용기가 없을지도 모르니 이름을 밝히라는 것이다. 딤스데일의 이 같은 열정적인 호소와 뒤이어 윌슨 목사의 더 강한 요구, 그리고 아마도 기형인 사나이가 군중 속에서 외치는 엄중한 목소리에도 불구하고, 헤스터는 아기의 아버지를 밝히기를 단호히 거부한다. 그녀는 윌슨 목사의 길고도 장황한 설교를 들은 뒤, 다시 감옥으로 이끌려간다. 목사가 설교하는 동안 펄은 아무리 달래보아도 울음을 그치지 않는다.

소설의 다른 두 주인공이 처음 모습을 드러내면서 이야기에 긴장감이 더해진다. 4장에서 독자들은 헤스터를 흠칫 놀라게 한 낯선 사람이 로저 칠링워스라는 것을 알게 된다. 그 자신이 지은 가명이다. 그의 실제 이름은 로저 프린으로 헤스터가 대면하기를 두려워하는 남편이다. 또 다른 주인공은 젊은 목사 딤스데일. 그는 헤스터에게 딸의 아버지 이름을 말하라고 간청한다.

인물탐색 호손은 칠링워스를 묘사하면서 신체적인 기형을 강조
한다. 기형적인 몸은 이 사람의 영혼에 깃든 악을 상징
한다. 호손은 이 장에서 칠링워스가 딤스데일을 처벌하는 데
얼마나 집착하게 될지를 암시하고 있다. 예를 들어서, 처형대
에 혼자 서 있는 사람이 헤스터인 것을 확인하자, "몸부림치
는 공포감이 얼굴 위에 나타나 비비 꼬였다. 마치 한 마리의
뱀이 그의 얼굴 위를 날쌔게 기어가다 잠시 멈추고 똬리를 트
는 것처럼 어떤 벅찬 감정으로 어두워져 있었다. … 잠시 후
발작적인 감정은 거의 볼 수 없게 되었으며 마침내는 그의 본
성 밑바닥으로 가라앉아버렸다." 이 장부터 시작해서 딤스데
일에 대한 복수와 징벌(懲罰)이 칠링워스의 마음속에서 맹렬
히 불타오르는 유일한 열정이 된다.

인물탐색 딤스데일이 헤스터를 설득하는 말은 호손이 묘사하는
그의 외모나 신경질적인 버릇보다도 성격에 관해서 많
은 것을 보여준다. 헤스터의 연인이자 펄의 아버지인, 그의 말
은 이중의 의미를 갖는다. 그것은 연인의 이름을 밝히지 않는
헤스터를 꾸짖는 말이지만, 다른 한편으로는 자기를 연인이며
펄의 아버지라고 공개적으로 밝혀달라는 인간적인 호소로 볼
수도 있다. 자기는 심약해서 스스로 간통 사건의 당사자라고
나설 수 없으니, 헤스터가 자기 이름을 밝혀달라는 간청일 수
있는 것이다. 따라서 헤스터를 타이르는 말이 얄궂게도 자신
의 죄를 꾸짖는 것이 된 느낌이다.

딤스데일은 공적으로는 목사로서 헤스터의 정신적인 지도자이기 때문에 그녀의 도덕적인 행위에 대한 책임이 있다. 그러나 사적으로는 헤스터의 연인으로서 그녀가 처한 무서운 상황에 대한 책임을 공유하고 있다. 지금 그는 헤스터의 정신적 지도자로서, 그녀에게 공범의 이름을 밝혀야만 지상에서 영혼이 평화를 찾을 수 있고, 그보다 더욱 중요한 것은 죽은 뒤에 구원받을 가능성이 높아진다고 타이른다. 나아가 죄인의 이름을 대라는 그의 다그침은 자기 이름을 만천하에 밝힘으로써 자기가 구원받도록 도와달라는 간청이기도 하다. 대중 앞에서 회개하지 않으면 구원받을 수 없기 때문이다.

딤스데일의 말과 속뜻 간의 이분법은 '나를 믿으라'는 구절에서 자명해진다. 이 문구절구는 아직도 상대 남자에게 가지고 있을지 모르는 감정은 생각하지 말라는 그의 호소 뒤에 이어진다. 또한 이 말은—대중 연설이지만 은밀히 자기 자신에게—'높은 자리에서' 내려와 공개적으로 처형대 위의 그녀 옆에 서는 게 낫겠다고 인정한 다음에 이어진다. 결국 그의 공적인 의무와 사석인 의도는 한 가지다. 헤스터에게 연인, 즉 자기의 비도덕성을 폭로하라는 것이다.

Chapter 4

대면

감방으로 돌아온 헤스터는 히스테리 상태에 빠지고 펄은 고통스러운 경련으로 몸부림친다. 그날 저녁 로저 칠링워스가 감방을 찾아오자, 헤스터는 두려움을 느낀다. 그는 펄에게 물약을 한 잔 먹인다. 약을 마신 아기는 이내 고통이 가라앉아 잠이 든다. 사나이는 헤스터에게 신경 안정제를 마시도록 설득한다. 그 후 두 사람은 터놓고 동정적인 대화를 나누고, 각자 헤스터의 간통사건에 대해 어느 정도의 책임을 받아들인다.

칠링워스는 아내 헤스터에게는 보복하려고 하지 않지만 펄의 아버지는 꼭 찾아내고야 말겠다고 결심한다. 그 사내가 헤스터처럼 옷에 주홍 글씨를 달고 다니지는 않더라도, '그의 가슴팍에 쓰인 글자를 알아내고야 말리라'고 다짐한다. 칠링워스는 헤스터로부터 남들에게 그의 정체를 발설하지 않겠다는 약속을 받아낸다. 그녀는 그 맹세가 자기 영혼을 파멸시킬지 모른다는 두려움을 드러내면서도 약속에 응한다.

호손은 3장과는 달리 등장인물들의 행동에 대해 요약하거나 논하지 않을 뿐더러 독자들에게 무엇을 생각하

라고 말하지도 않는다. 대신에 헤스터와 칠링워스의 대화를 통해 그들의 태도와 관계를 알려준다. 호손은 매우 장황한 3장과 등장인물들의 대화가 주를 이루는 4장을 나란히 배치함으로써, 대화가 많은 장의 극적인 내용을 강조하는 소설의 한 형태를 창조하고 있다.

4장은 칠링워스를 이해하는 데 특히 중요하다. 호손은 여기서 독자들에게 칠링워스가 어떤 사람이었으며, 어떤 존재가 될 것인지를 엿보게 해준다. 칠링워스는 이 소설 전편에서 인간의 행동을 연구하고 그것에 관한 글을 읽는 데 관심이 많은 학자라고 언급되고 있다. 하지만 불행하게도 그가 학문만을 추구하느라 아내와 자기 자신을 저버렸다는 암시를 하고 있다. 그는 헤스터에게 "꽃봉오리 같은 당신의 청춘을 꾀어서 나 같이 노쇠한 사람과 거짓되고 부자연스러운 인연을 맺게 했으니, 내가 나빴소" 하고 시인한다. 이 대목에서 독자들은 아내를 빼앗긴 이 외로운 학자를 동정하겠지만 자기에게 마음의 상처를 준 사람을 반드시 찾아내 복수하고야 말겠다는 무서운 결의를 보면 자기파멸적 요소도 느낄 수 있다. 헤스터와 칠링워스의 대화가 이어지는 동안 우리는 칠링워스가 이 소설에 나오는 악의 상징 가운데 하나로 발전해 가는 것을 목격하게 된다.

　우리는 헤스터가 남편을 사랑하는 척하지 않으며, 남편이 징벌하겠다고 맹세하는 그 사람을 몹시 사랑한다는 것을 알게 된다. 헤스터가 칠링워스의 정체를 밝히지 않겠다고 약속한 것은 결혼에 대한 의무감이라기보다는 연인인 딤스데일을 염려하기 때문이다. 이 약속이 나중에 헤스터와 딤스데일을 모두 매우 고통스럽게 만든다.

Chapter 5
바느질하는 헤스터

형기가 끝난 헤스터는 어디든지 갈 수 있게 되지만 보스턴을 떠나지 않는다. 그녀는 시내 외곽에 있는 바닷가의 작은 오두막집으로 이사하고 삯바느질로 생활한다. 결혼식복을 뺀 여타 예복을 만드는 그녀의 솜씨는 사교계 여성들 사이에서 이름이 높고 일감도 아주 많다.

그러나 훌륭한 바느질 솜씨에도 불구하고 헤스터는 사회에서 추방된 존재다. 지역사회에서 학대의 표적이 된 그녀는 묵묵히 견뎌낸다. 얄궂게도 그녀는 주홍 글씨 A로 인해 다른 사람들의 사악하고 부도덕한 감정을 느낄 수 있게 되었다고 믿기 시작한다.

5장은 헤스터와 펄에 관한 정보를 제공하고, 헤스터와 주홍색을 이 소설의 주요한 두 가지 상징으로 발전시키고 있다. 작가는 헤스터의 오두막집을 지역사회로부터 고립된, 시내와 황무지 사이에 자리 잡게 함으로써, 처형대 장면에서 묘사된 여자, 다시 말해 죄를 지어서 처벌받고 있는 여자, 사회적으로 버림받은 여자, 그리고 자연의 산물인 헤스터의 이미지를 확인하고 구축하고 있다. 사회는 그녀를 '죄의 형상, 몸체, 실체'로 본다.

헤스터가 굴욕을 당하면서도 지역사회에 반격하지는 않지만, 마음속으로는 박해자들의 사악함에 분개하며 반감을 가지고 있다. 그녀는 시민들에게 살아 있는 죄의 상징이 된다. 시민들은 그녀를 한 개인으로 보지 않고, 이 세상 악의 화신(化身)으로 본다. 호손은 5장에서 두 차례 지역사회가 헤스터의 잘못된 행동을 부도덕의 증거로 이용하고 있음을 암시한다. 도덕주의자에게 그녀는 여자의 나약함과 죄 많은 욕정을 나타내고, 그녀가 교회에 가면 종종 설교의 주제가 되기도 한다.

헤스터는 사회에서 추방되어 영원히 버림받은 존재로 살아야 하지만, 바느질 솜씨는 그 사회에서 원하는 곳이 아주 많다. 호손은 이 소설을 일관하여 보스턴 청교도들에게 조소 섞인 비난을 던지고 있는데, 이 장에서는 특히 더 날카롭다. 헤스터의 과거 행동에 가장 질겁하는 바로 그 사회의 구성원들이 그녀의 바느질 솜씨를 좋아하고 높이 사준다. 그러나 자기네가 필요해서 바느질과 자수를 맡기면서도 마치 자선을 베푸는 것처럼 생색을 낸다. 그들의 속 좁은 태도는 헤스터에게 결혼식 의상은 짓지 못하게 하는 데서 가장 잘 드러나고 있다. 그녀가 결혼식 의상을 바느질하면 결혼의 성스러움을 퇴색시키게 된다는 듯이.

헤스터를 비난하는 사람들이 헤스터가 만든 옷을 선호하는 모습은 대단히 풍자적이다. 헤스터는 자기가 만든 의상에 그다지 자부심을 갖지 않기 때문이다. 호손의 말마따나 헤스터는 '눈부시게 아름다운 것을 좋아'하지만 장식은 죄악이라며 거부한다. 우리가 기억해야 할 점은 헤스터가 마음속으로는 청교도 사회의 위선에 반감을 품고 있으면서도 여전히 청교주의와 연관된 도덕적 엄격함을 따른다는 것이다.

호손은 '세관' 서문에서 환상과 사실을 혼재시키는 자신의 경향에 대해 기술하고 있는데, 이 기법은 주홍 글씨 A의 취급에서 분명하게 나타난다. 물질적으로 이 표식은 천조각과 실에 불과하지만 다양한 시점에 그 상징을 이용함으로써 사실적인 묘사에 환상을 불어넣는다. '세관'편에서 '그 글자가 마치 붉은 천이 아니라 새빨갛게 달아오른 쇠붙이 같은 느낌을 경험' 했다는 호손의 주장, 5장에서 몇몇 시민들의 말처럼 주홍 글씨 A가 말 그대로 헤스터의 가슴을 태워 지옥불로 벌겋게 달아 밤의 어둠 속에서 빛난다는 표현 등이 그것이다. 특히 칠링워스가 딤스테일의 가슴에서 보게 되는 주홍 글씨 A와 시민들이 하늘에서 목격하는 거대한 주홍 글씨 A도 환상적이고 상징적인 특징을 잘 보여주고 있다.

주홍 글씨 때문에 헤스터는 공개적으로 조롱당하지만, 그로 인해 그녀는 다른 사람들의 죄 많은 생각과 행동에 대해 새로운 인식을 갖게 된다. 그녀는 주홍 글씨가 다른 사람들 가슴속에 숨어 있는 죄를 알아내고, 동정심을 느낀다. 주홍 글씨는 사회로부터 헤스터를 격리시키지만 자기를 추방한 바로 그 사회의 죄를 인식할 수 있게 해주는 것이다. 호손은 이 이분법을 이용해서 청교주의의 위선적인 성향을 지적하고 있다. 헤스터가 부도덕한 행위의 살아 있는 화신인 것처럼 주홍 글씨 A도 외견상 생명을 가진 물체가 된다. 헤스터가 죄를 감추고 있는 사람과 마주할 때면 '그녀 가슴 위의 붉은 오명이 안쓰러워하면서 고동치는' 것이다.

Chapter 6
진주(眞珠)

: 줄거리

헤스터가 '모든 것을 바친 대가'로 태어난 소중한 존재이기 때문에 펄(Pearl, 진주)이라고 이름 지어진 아기는 생후 3년 동안 아름답고 건강하고 의젓하게 자란다. 헤스터가 만든 값지고 정성스런 옷을 입은 아이

는 눈부시게 아름답다. 그러나 펄은 내적으로 복잡한 성격을 지니고 있다. 그녀는 어머니가 겁을 주거나 달래도 어찌할 수 없는 불같은 열정과 유난스런 마음상태를 갖고 있다. 장난을 좋아하고 권위를 경멸하는 태도는 헤스터로 하여금 자신의 열정이 빚어낸 죄를 떠올리게 만든다.

헤스터와 펄은 모두 사회에서 추방되었기 때문에 항상 함께 지낸다. 펄은 어머니와 산책하다가 마을의 호기심 많은 아이들에게 둘러싸일 때면 아이들과 친구가 되려고 애쓰기보다는 돌을 던지거나 난폭한 말로 쫓아버린다.

펄이 놀이를 할 때 유일한 친구는 자신의 상상뿐이다. 그녀는 상상의 놀이를 하면서도 친구가 아닌 적들만 만들고, 그 적인 청교도들을 파멸시키는 듯이 행동한다. 그러나 주로 그녀의 상상을 사로잡는 대상은 어머니의 옷에 달린 주홍 글씨 A자다. 헤스터는 펄이 마귀에 사로잡히지 않았는지 걱정한다. 펄이 하늘에 계신 아버지를 인정하지 않고 헤스터에게 자신이 어디서 왔는지 말해 달라고 웃으며 요구할 때, 그런 인상은 더욱 강화된다.

인물탐색 이 장은 펄을 한 사람의 등장인물이자 상징으로 설명하고 있다. 펄은 장난기 많고 때묻지 않은 아이로, 다루기 힘든 성격은 그녀의 탄생을 가져온 사악한 욕정과 긴밀히 연관되어 있고, 그 탄생은 그녀의 '다른 세속성'을 정당화하고 중요한 것으로 만들어준다. 그녀는 간통 행위, 사랑 행위, 열정 행위, 죄악, 그리고 범죄의 산물이자 상징이다. 화자인 호손은 "펄은 에덴동산에서 태어날 만했고, 그곳에 남아 천사들의 놀이 상대가 됨직도 한 아이였다…"고 설명한다. 하지만 그 아이는 "자기가 태어난 이 세상과의 관계와 적응력이 부족했다"는 것이다.

청교도 사회는 혼외정사란 본질적으로 사악한 죄로 악마의 영향을 받은 행위라고 믿었다. 그리고 펄은 혼외정사의 산물이기 때문에 호손은 펄의 본성에 관한 문제를 제기하고 있다. 악한 것으로부터 선한 것이 나올 수 있는가? 펄은 청교도들이 부도덕적이고 죄스러운 결합으로 여기는 행위에서 태어났으므로 태생적으로 사악한 존재인가? 헤스터도 그처럼 미리 정해진 결과를 두려워하고 있을지도 모르지만 오늘날에는 두 성인 간의 부도덕한 행위로 태어난 아이라고 해서 반드시 사악하다고 생각하지는 않는다.

청교도주의에 대한 호손의 비난은 이 장에서도 계속되고 있다. 청교도 사회의 이기적인 거짓된 경건함에 대한 강한 거부감은 헤스터에 대한 청교도 사회의 대우와 하나님의 대우를 대비시킬 때 잘 나타난다. 헤스터의 동료 시민들인 "인간은 이 여인의 죄를 주홍 글씨로 표시했는데, 그 글씨가 너무 강력하고 참담한 효능을 지니고 있었기에, 헤스터와 같이 죄를 지은 사람의 동정 이외에는 그 어떤 이의 동정도 그녀에게 미치지 않았다. 그러나 인간이 이렇게 벌을 준 죄의 직접적인 결과로서 하나님은 그녀에게 귀여운 아기를 주었다…
마침내 천국에 가서 축복을 받을 영혼이 될 아기를!" 여기서
보면 헤스터의 혼외정사에 대한 청교도 사회와 하나님의 반응
은 극적인 대조를 보여준다.

Chapter 7
지사(知事)의 집

헤스터는 일부 유력 인사들이 자신에게서 펄을 떼어놓아야 한다고 생각하고 있다는 소문을 듣는다. 놀란 헤스터는 주문 받은 장갑을 전달하기 위해 펄을 데리고 벨링엄 지사의 저택으로 향한다. 하지만 그것보다는 딸의 양육권을 호소하는 일이 더 중요하다.

펄은 이 특별한 방문을 위해 금실로 수를 놓아 정성껏 지은 주홍색 옷을 차려입고 있다. 지사 집으로 가는 도중에 헤스터와 펄은 청교도 아이들과 만나게 된다. 그들이 펄을 놀리자, 펄은 오만상을 찌푸리면서 불같이 화를 내며 고함을 쳐서 쫓아버린다.

지사의 크고 화려한 저택에 도착하자 하인이 나와 안내해 준다. 육중한 떡갈나무 널빤지로 벽을 두른 넓은 홀에 들어간 헤스터와 펄은 벨링엄 지사의 갑옷 앞에서 걸음을 멈춘다. 빛나는 갑옷의 굽은 가슴받이에 헤스터의 주홍 글씨와 펄의 모습이 일그러지게 반사된다. 헤스터가 딸의 변한 모습을 바라보고 있는 사이 한 무리의 사람들이 다가오자, 호기심이 생긴 펄은 조용해진다.

주제 탐색 이 장은 헤스터와 지사의 극적인 면담을 위한 준비와 더불어 펄의 남다른 성격과 주홍의 상징을 전개하는 호손의 상상력을 보여주고 있다. 변주(變奏)가 있는 교향곡처럼 주홍색에 관한 여러 언급으로 주홍 글씨가 가진 풍부한 의미를 드러내는 것이다.

헤스터는 지사를 비롯한 유력 인사들이 딸을 빼앗고자 한다는 소문을 듣고는, 벨링엄 지사의 집을 찾아간다. 호손은 여기서 다시 한 번 청교도들의 독선적인 태도에 대한 경멸감을 나타낸다. 그들은 죄악의 산물인 펄을 어머니의 영향에서 벗어나게 하는 것이 '기독교도'로서의 의무라고 정당화하고 있다. 펄이 '도덕적이고 종교적인 성장'을 할 수 있고 구원까지 받을 수 있다면, 그 애를 어머니에게서 때어내 좀더 믿음직한 기독교도의 영향 아래 맡기는 것이 자기네 '의무'라고 보는 것이다. 호손은 이런 독선적인 청교도들을 비판하면서 그들의 관심을 돼지 한 마리의 소유권을 둘러싼 청교도 법정의 논생과 비유하고 있다.

문학적 장치 이 장에서는 펄의 외모와 행동에 대해서도 좀더 자세히 묘사하고 있다. 펄은 '풍염하고도 화려한 아름다움'을 지녔고, 잠시도 쉬지 않고 움직이는 모습은 격정과 열정이 넘친다. 청교도 아이들이 진흙을 던지자, 펄은 아이들에게 겁을 주어 달아나게 만든다. 그녀는 '심판의 천사', '어린이의 모습을 한 역병(疫病)'과 같은 존재다. 그리고 일단 격정이 가라앉자, 조용히 어머니에게로 돌아와서 미소를 짓는다. 이 아이의 행동에는 또래에게서는 보기 힘든 불가사의한 데가 있다. 헤스터의 상상력과 바느질 솜씨의 산물인 펄의 주홍색 의상은 그 애의 '격정과 정열'에 불을 댕기는 것 같다. 펄의 주홍색 옷차림은 헤스터의 가슴 위 주홍 글씨를 연상시키고, 호손은 이 관계를 지속시켜 나간다.

헤스터는 하인으로부터 지사가 지금은 면담할 수 없다는 말을 듣자, 기다리겠노라고 단호하게 말한다. 그녀의 결연한 태도는 펄의 보호자 역할이 그녀에게는 얼마나 큰 문제인지를 시사한다. 보스턴에 온 지 얼마 안 된 이 하인은 주홍 글씨에 관한 이야기를 들은 바가 없다. 그래서 헤스터의 옷에 달린 아름답게 수놓인 표식과 단호한 태도로 보아 그녀를 영향력이 큰 사람이라고 생각하게 된다. 호손은 독자들에게 주홍 글씨 이야기의 성격을 각인시키기 위해 그 하인이 신참자임을 강조하고 있다.

벨링엄 지사의 집은 환상적인 저택으로 그려진다. 생기 넘치고 빛나고 햇볕이 쏟아져 들어오는 그 집은 '죽음을 모르는 것' 같다. 이 집은 엄숙한 청교도들의 초상화와 구세계의 편의가 혼합되어 있다. 지사 일행이 다가오는데 펄이 소름끼치는 이상한 고함을 지른다. 헤스터와 펄의 미래가 다가오고 있는 것이다.

Chapter 8

요정과 목사

헤스터와 펄에게 다가오는 일단의 사람들은 벨링엄 지사와 원로목사 존 윌슨 씨, 딤스데일 목사, 의사 로저 칠링워스이다. 칠링워스는 이제 보스턴에 정착해 살면서 딤스데일의 절친한 친구로 주치의 노릇을 하고 있다.

펄이 입고 있는 대담하고 품위 없어 보이는 옷차림에 충격을 받은 지사는 헤스터가 펄을 기독교적인 방식으로 양육하는 데 적합한지 시험한다. 그는 윌슨 목사에게 펄이 교리 문답을 알고 있는지 물어보라고 부탁한다. 펄은 일부러 모르는 체하면서 교묘히 대답을 비켜간다. "누가 너를 만들었느냐?"는 첫 질문에, 펄은 자기는 누가 만들어준 것이 아니라, "옥문 가에 자라는 장미꽃 덤불 속에서 어머니가 따온 것"이라고 대답한다.

두려움에 사로잡힌 지사와 윌슨 목사는 즉각 펄을 헤스터로부터 빼앗으려고 하자 헤스터는 하나님이 펄을 자기에게 주었다고 항의하면서, 결코 아이를 포기하지 않겠다고 말한다. 펄은 헤스터 자신의 행복이지 고통을 주는 존재이기 때문에 딸을 포기하라면 차라리 죽겠다며 대든다. 그녀는 딤스데일 목사에게 도와달라고 애원한다. 딤스데일이 벨링엄 지사와 윌슨 목사에게 헤스터가 펄을 양육하도록 허용해야 한다고 설득한다. 하나님이 헤스터에게 펄을 준 것은 축복이면서, 한편으로는 그녀의 죄를 상기시키는 양면성이 있다는 것이다. 그 말을 들은 칠링워스가 "내 친구여, 당신은 참 이상하게도 신이 나서 말씀하십니다" 하고 한마디 거들며 핀잔

을 준다. 순간적으로 진지해진 펄은 딤스데일의 손을 어루만지고 목사가
은밀히 제 이마에다 하는 키스를 받아들인다.

　지사의 저택을 떠나는데 지사의 누이 동생 히빈스 부인이 헤스터에
게 접근한다. 헤스터는 한밤중에 숲 속에서 열리는 마녀들의 모임에 함께
가자는 초대를 거절하면서, 펄을 집으로 데려가야 한다고 말한다. 그녀는
만약 펄을 잃었다면 자기도 기꺼이 악마의 명부에 서명을 했을 것이라고
덧붙인다.

　이 장은 처음 처형대 장면에 나왔던 주요 인물들—헤
스터, 펄, 딤스데일, 칠링워스—과 교회, 국가, 어둠의 세계 대
표들 모두를 한 자리에 등장시킨다. 여기서 독자들은 표면적
으로 드러나는 사람들의 행동 저변에서 복잡한 관계가 암시
되고 있음을 눈여겨보아야 한다. 딤스데일에게 도움을 청하는
헤스터의 호소, 딤스데일의 손을 어루만지는 펄의 진지한 행동,
그리고 딤스데일 목사가 펄에게 하는 입맞춤에는 딤스데일 목
사가 바로 펄의 아버지라는 암시가 들어 있다.

　헤스터는 펄의 양육권을 지키려고 자신의 내적인 힘에
의지한다. 주홍 글씨는 아이에게 분별력을 가르치기 위한 수
치의 상징으로 아이가 어머니의 죄로부터 득을 보도록 하는
것이라고 열변을 토하며 주장한다. 그러나 펄이 교리 문답에

대답하지 않는 바람에 상황은 그녀에게 불리해진다. 이제 헤스터는 딤스데일에게 호소하는 수밖에 다른 방법이 없다. 그는 그녀가 명성을 파괴할 수 있는 사람이다.

펄은 다시 한 번 야성적이고 열정적인 성격을 드러낸다. 자기는 어머니가 교도소 옆에서 자라는 장미꽃에서 따왔다고 대답해 교회와 국가 양쪽을 조롱한다. 어린아이의 대답치고는 조숙하게 들리지만, 독자들은 호손이 등장인물들로 하여금 상징적인 의미를 제시하게 한다는 점을 기억해야 한다. 펄의 행동은 처형대 위에서 아기의 아버지 이름을 말하지 않았던 헤스터의 반항적인 태도를 상기시킨다. 헤스터는 펄이 자기에게 행복을 주는 동시에 고문하는 양면적 의미를 가지고 있다고 호소하는데 딤스데일도 이 논리를 인정한다. 목사의 쇠약해진 건강 상태와 신경과민은 죄를 숨김으로써 그가 얼마나 큰 고통을 당하고 있는지를 암시해 준다.

그럼에도 불구하고, 딤스데일은 펄이 '아버지의 죄와 어머니의 수치 속에 태어난 아이'지만 '하나님의 손'으로 탄생했으므로 축복으로 간주되어야 한다는 말로 헤스터의 호소를 두둔한다. 딤스데일 목사는 펄이 헤스터를 어둠의 힘으로부터 지켜줄 테니 딸을 양육할 수 있도록 허락해야 한다고 주장한다. 앞서의 어둠의 힘은 히빈스 부인의 이상한 말과 칠링워스의 변화에서 볼 수 있다.

펄로 인해 헤스터가 어둠으로부터 보호받을 수 있다는

것을 증명하려는 듯 호손은 뒤이어 히빈스 부인이 등장하는 장면을 보여준다. 윌슨 목사는 펄에 대해 "이 꼬마 말광량이는 무슨 마법을 지니고 있나보다"고 말하지만, 헤스터는 펄이 없다면, 자기는 악마에게로 갔을 것이라고 말한다.

네 번째 주요 인물인 칠링워스에 의해서도 어둠의 힘이 암시된다. 헤스터가 눈치 채듯, 칠링워스는 더 추하고 어둡고 기형적이 되어 있다. 이런 신체적인 변화는 복수를 갈망하는 그의 마음속에서 악이 이기고 있다는 암시다. 칠링워스는 딤스데일 목사의 주치의로서 목사에게 심리적 압박을 가하고 있다. 딤스데일이 이상스럽게 열심히 헤스터를 옹호한다는 언급과 "예리한 눈으로 펄의 아버지를 알아낼 수 있다"는 말은 그가 이미 딤스데일의 죄를 알고 있을지도 모른다는 암시다.

Chapter 9
의사

칠링워스는 이 지역사회에 처음 나타난 이래 시민들에게 인기를 얻어왔다. 사람들은 의사인 그에게 의지할 수 있을 뿐만 아니라, 병을 앓고 있는 아서 딤스데일 목사에게 특별한 애정을 가지고 있기 때문에 그를 더욱 소중히 여긴다. 일부 청교도들은 사랑하는 젊은 목사의 건강이 악화되고 있는 시기에 칠링워스처럼 의학적 지식이 풍부한 사람이 나타난 것을 하나님의 섭리로 보기도 한다. 딤스데일은 어떠한 약도 필요없고, 하나님의 뜻이라면 죽을 각오도 되어 있다고 항변하면서도 자신의 건강을 칠링워스의 손에 맡기기로 한다. 많은 시간을 함께 보내던 두 사람은 마침내 칠링워스의 제안으로 같은 집으로 이사해, 별도의 공간을 쓰면서 자유롭게 오가며 지낸다.

칠링워스의 얼굴에 사악한 모습이 많이 나타나는 것을 제외하고는 어떠한 실질적인 증거도 없지만 일부 시민들은 그를 점점 의심하기 시작한다. 그의 과거에 관한 소문과 그가 지옥에서 가져온 불로 '마술'을 부린다는 암시에 귀를 기울이게 된 것이다. 그리고 딤스데일 목사가 기독교도 의사의 보호를 받는 것이 아니라, 사탄이나 목사의 영혼과 싸우도록 하나님의 허락을 받은 그의 앞잡이에게 사로잡혀 있다고 믿는 사람들도 많다. 딤스데일의 눈에 나타난 공포와 침울한 표정에도 불구하고, 시민들은 딤스데일의 힘이 그에게 고통을 주는 자를 분명히 이길 것이라는 신념을 가지고 있다.

주제탐색 선(善)과 악(惡)의 투쟁이라는 주제가 정적이고 장황하며 철학적인 9장 전편에 흐르고 있다. 죄의 무게에 짓눌린 딤스데일의 쇠약, 칠링워스와의 관계 발전, 목사에게 미치는 칠링워스의 영향에 관한 놀랍게 상반되는 시민들의 견해 등이 그것이다. 칠링워스는 젊은 목사의 환심을 사고 있기 때문에, 시민들은 그가 나타난 것을 '대단한 횡재'로 여긴다. 한편 칠링워스와 딤스데일의 관계와 친밀함이 딤스데일의 건강을 악화시키지 않는지 의심하는 사람들도 있다.

문체탐색 독자들은 여기서 '의사(leech)'라는 말의 이중적인 의미를 알게 된다. 호손은 의도적으로 '내과의사'라는 의미의 옛말인 leech를 쓰고 있다. '거머리, 흡혈귀'라는 이중적인 의미가 있기 때문이다.

인물탐색 이 장에서는 칠링워스의 교활하고 사악한 성격이 전개된다. 그가 딤스데일과 한 집으로 이사를 가서 함께 자유로이 관심사를 토론하게 되자, 그들 사이에 '일종의 친밀감'이 생긴다. 딤스데일에게 칠링워스는 이야기를 '동정적으로' 들어주는 사람이자 생각과 관심이 마음에 드는 지식인이다. 하지만 독자들은 칠링워스가 보스턴에 온 이후로 '새로운 목적,

어두운 목적'을 갖게 되었다는 말을 듣는다. 칠링워스가 '마법'을 실행하는 데 빠져들면 들수록, 시민들은 그의 신체적인 변화에 주목하게 된다. 그들은 '그의 얼굴에서 무언가 추하고 사악한 것'을 보기 시작한다. 그의 실험실은 '지옥의 땔감'으로 데워지고, 의사의 얼굴에 검댕을 남기는 그 불은 지옥에서 가져온 것으로 보인다.

마을사람들은 이 투쟁을 지켜보면서 사탄의 제자가 지고 딤스데일의 선함이 승리할 것이라고 느끼지만 딤스데일의 생각은 다르다. 일요일마다 그는 더 야위고 창백해지며 범죄 행위를 밝히지 않은 죄책감 속에서 갈등한다. 이따금 아픈 가슴에 손을 얹던 버릇은 이제는 몸에 배어버렸다. 그를 도와줄 아내를 얻으라는 제안이 있지만 거절한다. 일부 신도들은 딤스데일 목사의 병이 하나님에게 강하게 헌신하기 때문이라고 생각한다. 딤스데일은 의사에게 자기 영혼의 비밀에 관해 이야기하지만, 칠링워스가 듣고자 열망하는 궁극적인 비밀은 끝내 털어놓지 않는다.

Chapter 10
의사와 환자

앞으로 여러 장에 걸쳐 칠링워스는 오로지 복수의 일념으로 펄의 아버지가 누군지 그 정체를 파헤친다. 그는 진실과 정의를 추구하는 재판관의 자세로 재빨리 딤스데일의 마음속을 탐색하는 데 맹렬히 몰두하는 것이다. 가끔 딤스데일의 비밀을 캐내려다가 좌절하기도 하지만, 언제나 모든 지능과 열정을 바쳐 비밀을 캐는 원래의 자세로 돌아온다.

10장의 대부분은 칠링워스가 딤스데일의 마음과 영혼을 괴롭히는 상황을 다룬다. 어느 날, 칠링워스의 서재에서 진지한 토론을 하던 그들은 바깥 공동묘지에서 들려오는 펄과 헤스터의 목소리 때문에 대화를 멈추고 펄의 이상한 행동에 관해 얘기를 나누다가 다시 자기들 화제로 되돌아간다. 딤스데일은 헤스터와 펄이 돌아가는 모습을 보면서 헤스터는 죄를 숨기지 않고 공개했기 때문에 더 낫다는 칠링워스의 말에 동의한다.

칠링워스는 목사가 뭔가를 숨기고 있는 한, 치료할 수 없다는 암시를 한다. 목사가 자기 병은 '영혼의 병'이라며 '지상(地上)의 의사'에게는 비밀을 밝힐 수 없다고 힘주어 말하고는 방에서 뛰쳐나가자, 칠링워스는 회심의 미소를 짓는다.

얼마 후, 칠링워스는 의자에 앉아 자고 있는 딤스데일을 발견하고 목사의 조끼를 젖혀 가슴을 들여다보다가 '미친 듯한 놀라움, 기쁨, 그리고 공포의 표정'을 짓는다. 그리고는 무의식적으로 환희의 춤을 춘다.

인물 탐색 이 장은 독자들에게 칠링워스의 사악한 결의를 목격하도록 해준다. 칠링워스는 복수심에 사로잡혀 아서 딤스데일 목사의 내적 괴로움을 심화시키기로 마음먹는다. 독자들은 또한 딤스데일이 벌이는 고통스러운 자신과의 투쟁을 보다 명확히 통찰할 수 있게 된다. 분명히 영혼 내부의 싸움은 외적인 모습과 정신적인 고뇌에서 증명되듯이 그를 파괴하고 있지만, 헤스터와의 간통 사건을 고백할 수 없다. 자신의 침묵을 분명한 말로 정당화하던 그는 죄를 고백하도록 윽박지르는 칠링워스의 냉혹한 논리와 추궁에 직면하자 자리를 피해 버린다.

문체 탐색 호손은 이 장에서 칠링워스가 한때는 '순박하고 고지식한 사람'이었지만, 이제는 악마 같이 잔인해져서 악마의 심부름꾼이 된 것으로 묘사한다. 그리고 그의 사악함을 더욱 강조하기 위해 딤스데일의 영혼을 파헤치고 드는 그를 마치 '반쯤 잠든 어떤 사람의 방에 숨어 들어가는 도둑' 같다고 표현한다.

치밀하고 교활한 의사는 딤스데일에게 양심의 죄를 간직한 채 죽어서는 안 되며 죄를 고백하는 것만이 이 세상과 다음 세상에서 구원받는 길이라고 압박한다. 영혼에 무서운 비밀을 지니고 있으면 인간들에게 도움을 줄 수 없다고도 말한다. 딤스데일은 그런 주장들은 모두 환상이라며 반박하고,

양심이 더럽혀진 사람도 인간들을 도울 수 있다고 생각한다.

이때 펄의 목소리가 유리창을 통해 들려온다. 그녀는 이 무덤에서 저 무덤으로 깡충대며 놀다가 어느 무덤에 이르러서는 춤을 추기까지 한다. 헤스터가 말리지만, 펄은 제멋대로 놀기 바쁘다. 아이는 어머니에게 목사가 이미 악마의 손아귀에 사로잡혀 있다고 큰소리로 말한다. 펄은 우엉 열매들로 어머니의 주홍 글씨를 장식하다가 장난스럽게 우엉 열매 하나를 목사에게 던진다. 칠링워스는 "저 애 기질에는 인간의 법도 없고, 권위를 존중하는 마음도, 옳건 그른건 인간의 질서나 세론(世論)을 중히 여기는 마음도 없어요"라고 말한다. 딤스데일도 동의하지만, 펄이 "법을 파괴하고 얻을 수 있는 자유를 가졌다"고 말한다

펄의 등장으로 중단되었던 대화를 다시 시작하면서 칠링워스가 목사에게 헤스터는 죄를 숨기지 않고 고백했기 때문에 마음의 평화를 느끼지 않겠느냐고 묻자, 목사는 그렇다고 동의한다. 그러나 자기 영혼의 비밀은 하나님에게 고백해야지 지상의 의사에게는 고백하지 않겠다고 완강히 거부한다. 칠링워스의 끈질긴 추궁에 짜증이 난 딤스데일은 방을 나가버린다.

Chapter 11

마음속

딤스데일의 비밀을 완전히 손에 넣었다고 생각한 칠링워스는 공포와 고통을 자극하는 말로 그를 가차 없이 고문하기 시작한다. 딤스데일은 칠링워스가 무슨 동기로 그런 말을 하는지 미처 알지 못하면서도 그를 두렵고 무서운 존재로 생각하게 된다.

딤스데일이 더 심한 고통을 느끼게 되고 몸은 점점 더 쇠약해져가지만 신도들 사이에서의 인기는 더 높아진다. 그러나 그런 잘못된 숭배는 딤스데일에게 더 큰 고통을 주고, 자신이 펄의 아버지라고 공개적으로 고백해 버리고 싶은 충동을 느끼게 한다. 목사의 설교는 감명적이다. 그러나 자기는 죄 많은 사람이라고 하는 그의 모호한 말을 신자들은 그가 고결하다는 또 다른 증거로 여긴다.

딤스데일은 구원받기 위한 한 가지 행동, 즉 자신이 헤스터와 사랑을 나눈 사람이며 펄의 아버지라고 고백하는 것은 할 수 없기에, 대신 스스로를 벌한다. 채찍으로 자기 몸을 때려 피투성이가 되고 자주 철야 기도를 하는 것이다. 그때 그의 마음은 놀라운 환상으로 고통받는다. 그러던 어느 날 밤, 마음의 평화를 구하던 딤스데일은 조심스럽게 성의를 차려입고 집을 나선다.

11장은 앞의 장과 더불어 '인간의 나약함과 슬픔'의 본질을 깊이 있게 서술하고 있다. 죄를 고백할 용기가 없어서 죄책감으로 몸부림치는 딤스데일의 절절한 고통이 이 장에서도 집중 조명된다. 호손은 딤스데일과 칠링워스의 성격묘사에 곁들여 소설의 줄거리에 두 가지 내용을 추가하고 있다. 첫째, 딤스데일 목사의 유죄를 확인한 칠링워스가 자기 아내를 유혹하여 아기를 낳게 한 자에게 복수하기 위한 작전에 착수한다. 둘째, 딤스데일이 스스로를 벌하는 방식과 그 강도(强度)를 구체적으로 밝힌다.

자신의 괴로움을 통해 다른 사람들의 죄를 이해하고 동정심을 갖게 된 딤스데일 목사는 더 열정적이고 감동적인 설교를 하게 된다. 자기가 죄 많은 사람이라고 열렬히 주장하면 할수록, 신도들은 오히려 그를 더 고결한 사람으로 믿는다. 목사는 불충분한 고백이 오해를 불러일으키고 있다는 사실을 잘 알고 있다. 실제로 그는 의식적으로 이 점을 이용하고 있는 셈이다. 다시 말해서, "목사는 잘 알고 있었다. ─ 자신이 그야말로 미묘하면서도 후회할 줄 아는 위선자라는 것을 ─ 자기의 막연한 고백이 신도들 눈에 어떻게 비춰지는가를" 그리하여 그의 죄는 가중되고 있다. 호손은 독자들이 딤스데일의 괴로움을, 그 고민의 대부분을, 그 스스로가 만들고 있는 죄인이란 사실을 간과하지 않도록 하고 있다.

동시에 인간적 악의 상징인 칠링워스는 이 장에서 한층 더 사악하게 보인다. 호손은 칠링워스가 '참으로 불쌍하고 버림받은 인간이었으며… 그가 노리는 희생자보다 훨씬 더 비참한 신세'라고 말한다. 그의 복수는 희생을 치르며 이루어지고 있다. 그는 악의 화신이 되어가고 있는 것이다.

Chapter 12
목사의 철야기도

딤스데일은 집을 나서서 처형대가 있는 곳으로 간다. 7년 전 헤스터 프린이 치욕의 표식이 붙은 옷을 입고 갓난아기 펄을 안고 서 있던 곳이다. 구름 낀 5월 밤의 축축하고 싸늘한 공기 속에서 마을이 잠들어 있는 가운데 딤스데일이 처형대의 계단을 오른다. 7년 전 마을사람들 앞에서 창피

를 당하며 서 있어야만 했던 자리에 아무도 보는 사람 없이 안전하게 서 있을 수 있기에 흉내를 내고 있다는 것을 깨달은 그는 너무나 끔찍한 자기혐오감에 압도되어 밤하늘에 대고 큰소리로 외친다.

윈스럽 지사가 세상을 떠나 수의를 만들기 위해 상가(喪家)에 다녀오던 헤스터와 펄이 처형대로 올라와서 세 사람이 선다. 펄이 가운데 서서 두 사람의 손을 잡고 있다. 펄은 딤스데일에게 다음날 정오에 자기들과 함께 여기 서 있자고 두 번이나 부탁한다. 목사는 '최후의 심판의 날'에 함께 그 자리에 서겠다고 대답한다. 그때 하늘에서 이상한 빛이 처형대와 그 주위를 비춘다. 고개를 든 딤스데일은 흐릿한 붉은 빛이 하늘에 거대한 A자를 그리고 있는 것을 본 것 같다. 바로 그 순간 딤스데일은 펄이 로저 칠링워스를 가리키고 있는 것을 알게 된다. 칠링워스는 어둠 속에서 냉혹한 미소를 지으며 처형대 위의 세 사람을 바라보고 있다. 두려움에 사로잡힌 딤스데일은 헤스터에게 도대체 칠링워스의 정체가 무엇이냐고 묻는다. 그녀는 칠링워스에게 한 약속을 기억하고 침묵을 지킨다.

다음날 아침 설교가 끝난 뒤, 교회 급사가 다가와 장갑 한 짝을 돌려주자 목사는 깜짝 놀란다. 처형대에서 발견한 장갑이다. ("사탄이 거기에다 떨어뜨린 것 같아서 제가 주워왔어요. 아마도 악마가 목사님을 한번 놀려볼까 한 것 같아요.") 교회 급사는 간밤에 하늘에 나타난 거대한 주홍 글씨 A에 관해서도 묻는다.

세 차례의 주요한 처형대 장면 가운데 두 번째 장면이 이 장에서 나온다. 호손은 주인공 모두를 이 장에서 한자리에 모아놓는다. 매우 불길하고, 설득력 있고, 상징성이 풍부한 이 대목은 의심할 여지없이 이 소설에서 가장 강렬한 부분 가운데 하나다.

문체 탐색 호손은 홀로 처형대에 오른 딤스데일의 행동을 묘사하면서 그가 심리적 사실주의*에 숙달되어 있음을 보여준다. 목사의 지친 마음에 일어난 갑작스러운 변화, 자신의 비겁함에 대한 자책, 미친 듯한 외침, 윌슨 목사에게 고백하고 싶은 충동 등 모든 것이 설득력 있게 전개된다. 첫 번째 처형대 장면은 정오에 있었고, 헤스터의 죄와 벌에 집중되었다. 이 두 번째 처형대 장면은 자정 무렵에 일어나서 두 죄인을 처형대에 세우지만 딤스데일의 죄와 벌에 초점을 맞추고 있다.

인물 탐색 앞서 우리는 죄를 숨기는 문제를 논리적으로 설명하려는 딤스데일의 의식적인 태도를 보아왔다. 그와는 대조적으로 여기서 독자들은 괴로움의 원천인 무의식적인 마음의 고통스러운 동요를 목격하게 된다. 펄의 거듭된 질문으로 그 문제를 공개하도록 강요받을 때 딤스데일은 두려움 때문에 고백하고 싶은 잠재적 욕구를 억제한다. 그가 헤스터 보너와의 관계를 공개적으로 밝히기를 두 차례 거부한 것은, 베드로가 처음 두 번 예수 그리스도를 부인한 것을 암시하는 것일 수도 있다.

---

* **심리적 사실주의**(psychological realism) : 인간 심리의 다양한 면모를 묘사하는 기법.

 괴기스러운 현상을 강조하는 호손의 성향은 밤하늘에 장엄하고도 이상한 빛이 나타난 것과 잔인한 로저 칠링워스가 처형대 부근에 등장한 것 등에서 잘 나타나고 있다. 하지만 이런 초자연적인 일을 호손은 신중하게 자연적인 현상으로도 설명하고 있다. 예컨대 호손은 밤하늘을 가로지르며 나타난 그 신기한 빛을 두고 이렇게 말한다. "그 빛은 유성에 의해 생겨난 것이 틀림없다. 밤하늘에서 그러한 유성이 망망한 허공 속에서 불타다 사라지는 것이 종종 목격된다."

물론 "유성처럼 태양과 달의 운행과 같이 정기적으로 일어나지 않는 자연 현상을 모두 초자연적 존재가 내리는 계시라고 해석하는 것이 그 당시의 일반적인 생각이었다." 그리고 불길한 주홍 글씨가 실제로 나타났는지도 모호하다. 교회의 급사가 A자에 관해 언급하지만, 호손은 딤스데일의 상상에만 나타났을지도 모른다고 암시한다. "하늘을 올려다본 목사가 검붉은 광채로 모양을 갖춘 거대한 글씨를 본 것은 전적으로 그의 눈과 가슴속의 병 탓이라고 생각한다." 호손은 그 글자의 의미가 보는 사람의 마음에 따라 다르다고도 시사한다. 교회의 급사는 죽은 윈스럽 지사가 천사(angel)가 되었을 테니까, 그 글자가 천사를 뜻하는 A자라고 본다. 이와 유사하게 칠링워스도 딤스데일 목사의 소재를 알았기 때문에 나타난 것이라고 암시하면서도 호손은 그가 윈스럽 목사의 임종을 보고 오는 길이라고 설명하고 있다.

첫 번째 처형대 장면과 마찬가지로 이 장에서도 크고 작은 여러 상징들이 등장한다. 처형대, 그 위에 서 있는 딤스데일, 교회와 국가와 악의 세계를 대표하는 세 명의 잠재적인 관찰자, '전기가 통하는 쇠사슬 같은' 헤스터와 펄과 딤스데일, 하늘에서 내려오는 계시와 같은 빛, 변형된 A자 등등.

Chapter 13
헤스터의 새로운 모습

처형대에서 딤스데일과 대화를 나눈 후에 헤스터는 그의 변한 모습에 충격을 받는다. 그는 본래의 지성은 유지하고 있는 것 같았으나 기력이 없다. 정신적으로 약해져 있는 것이다. 그래서 그녀는 "목사의 행복과 안정에 어떤 끔찍한 초자연적인 힘이 가해져왔으며 아직도 그 힘이 영향을 미치고 있다"는 결론을 내릴 수밖에 없다. 헤스터는 이 사람을 도와야 할 의무가 있다고 판단한다.

감옥을 나와 4년이 흐른 뒤, 지역사회에서 헤스터의 지위가 달라졌다. 수치를 용기로 견뎌내고, 펄이 태어난 이후 순결한 삶을 영위해 왔기 때문에 지금은 사람들로부터 신뢰를 받고 있다. 딤스데일은 그가 겪는 고통으로 인해 설교가 더 자비로워지고 있다는 찬사를 받는다. 한편 헤스터는 자선을 베풀면서 입지가 향상된다. 이제 그녀의 주홍 글씨 A는 '유능함(able)'의 A자를 의미하게 된다. 그러나 이 위치는 친구도, 정열도, 사랑도, 애정도 없는 삶이란 상당한 대가를 치른 후 이루어진 것이다.

'헤스터의 새로운 모습'이란 이 장의 제목에 주목할 필요가 있다. 여기서는 지난 4년에 걸친 헤스터 프린의 과거를 요약하고, 그녀의 성품, 성격, 지성을 거론하고 있다.(지금 펄은 일곱 살이다.) 이 '다른 모습'은 헤스터에 대한 청교도 사회의 달라진 인식과 그녀에 관한 화자의 설명을 모두 말한다.

청교도 지역사회 사람들의 눈에 비친 헤스터의 위상은 그녀의 기품과 자선 활동 덕택에 변해 가고 있다. 그녀는 수치와 슬픔을 의연하게 견뎌왔고, 마을사람들은 그녀를 '가난한 사람들에게는 참으로 친절하고, 아픈 사람들에게는 큰 도움을 주고, 괴로운 사람들에게는 마음으로부터 위로를 주는 사람'이라고 설명한다. 이제 주홍 글씨는 마력적인 특성을 갖게 되고 그것이 지닌 힘을 둘러싸고 속설들이 자라난다. 그러나 헤스터 프린의 새로운 자리매김에는 대가가 없지 않았다. 한때 그녀가 보여주었던 화사한 아름다움, 따뜻함, 매력, 열정은 냉정함, 엄격함, 단조로움으로 대체되었다. 그녀의 삶에서는 애정이나 사랑이나 열정을 찾아볼 수 없다. 자비로움은 엄격한 처벌로 바뀌고, 자선과 박애는 기계적인 것처럼 보인다. 우정을 가지고 그녀의 오두막집을 찾는 사람은 아무도 없다. 이런 부담과 더불어 그녀의 딸은 '잘못 태어난' 아이로 여겨지는 것 같다.

　　화자인 작가 호손은 변모된 헤스터의 모습을 이렇게 설명하고 있다. "그녀의 생활이 정열과 감정이라는 것에서 사색(思索)으로 바뀌고 있었다. … 그녀가 취한 사색의 자유는… 청교도들이 알았더라면 주홍 글씨로 낙인찍었던 그 죄보다 더 끔찍스러운 죄라고 생각했을 것이다." 화자는 헤스터가 어린 펄에 대한 책임이 없었으면 사정이 완전히 달라졌을지도 모른다고 추측한다. "앤 허친슨*과 손을 맞잡고 어떤 종파의 창시자로 역사에 이름을 남겼을지도 모르고, 청교도 기성사회의 기초를 뒤엎으려고 기도했다는 이유로 처형되었을 가능성도 높다." 화자는 "주홍 글씨가 제 역할을 다하지 못하고 있었다"고 재미나게 말한다.

　　이 장은 헤스터가 칠링워스와 대화를 나누게 되는 동기에 관해서도 서술하고 있다. 두 사람의 대화는 14장에 나온다. 그녀는 칠링워스가 딤스데일 목사에게 가하는 끔찍한 고통을 알고 자기도 일부 책임이 있다고 생각하고 딤스데일 목사에게 칠링워스의 정체를 알려주지 않은 실수를 바로잡기 위해 무슨 조치를 취해야만 한다고 마음먹는다.

---

* **앤 허친슨**(Anne Hutchinson) : 뉴잉글랜드의 종교지도자이자 산파.

Chapter 14

헤스터와 의사

　펄과 함께 걷다가 칠링워스를 발견한 헤스터는 그와 이야기를 나누기 위해 딸을 물가에 내려가서 놀도록 보낸다. 헤스터는 딤스데일의 심적인 병과 노화에 충격받았던 것과 마찬가지로 칠링워스의 변화된 모습에도 놀란다. 칠링워스가 악마의 손아귀에 잡혀 있음을 깨달은 그녀는 '또 다른 파멸'에도 책임을 느낀다. 자기가 한 약속 때문에 칠링워스가 목사에게 나쁜 짓을 한다는 것이다. 그러나 처음에는 부인하던 칠링워스가 자기는 친절하고 상냥하며 다정했으나 지금은 악마가 자신을 이용하도록 내버려두고 있다고 시인한다. 의사는 마귀가 되는 것이 자기 운명이라고 믿고 있다. 그는 침묵의 약속으로부터 헤스터를 풀어준다.

　인물 탐색 7년이란 오랜 세월 동안 칠링워스는 오로지 복수심에만 사로잡혀 있고, 이 무서운 죄악은 그를 크게 변화시켰다. 그는 헤스터가 진정 죄가 많다고 생각하지 않고, 주홍 글씨를 달고 다님으로써 하나님의 법을 어긴 그 어떤 죄의 대가를 치렀기 때문에 가엾게 여긴다. 그는 "당신이 나보다 정 많은 사람을 만났더라면 이런 불행은 일어나지 않았을 거요"라고 말한다. 반면, 자신은 '친절하고 진실하며 공정한 사람'이었는데 이제는 악마의 일을 하는 마귀로 변하는 것이 자신의 운명이라는 말도 한다.

호손은 이 대목에서 이 두 등장인물을 함께 배치함으로써 그동안 칠링워스가 어떻게 변했는지를 보여준다. 독자들은 딤스데일에게 저지른 잔인한 행위에도 불구하고 일말의 동정을 느끼게 만드는 늙은 학자의 일면을 보게 되고, 무엇보다도 헤스터가 죄의 대가를 충분히 치렀으며 사람들의 존경을 받을 만하다고 느낄 수 있게 된다.

Chapter 15
헤스터와 펄

　칠링워스가 떠나자 헤스터는 그가 얼마나 사악하게 변했는지 인식하고 자기가 그를 싫어한다는 것을 깨닫는다. 한편 펄은 혼자서 즐겁게 놀고 있다. 물웅덩이에 비친 자신의 모습과 놀고, 벚나무 껍질로 배를 만들고, 바닷새들에게 조약돌을 던진다. 마지막으로 해초를 가지고 스카프를 만들고, 이어서 초록색 A자를 만들어 제 가슴을 단다.

　펄은 주홍 글씨가 무엇을 뜻하는지 알고 싶어한다. 헤스터는 마음을 터놓고 자기 비밀을 이야기할 만한 사람이 아무도 없기 때문에 딸에게 말해 주고 싶은 유혹을 느낀다. 그러나 펄의 거듭된 물음에도, 헤스터는 ‘금실 때문에’ 주홍 글씨를 달고 다닌다고 말한다. 처음으로 ‘가슴에 달린 표식에 대해 거짓말’을 한 것이다. 펄은 그 대답에 만족하지 않고 계속 묻는다. 헤스터는 딸에게 어두운 벽장에 가두어버리겠다고 으름장을 놓는다.

: 풀어보기

　헤스터는 14장에서 칠링워스에게 동정심을 보였지만 15장에서는 다시 깊은 증오를 보여준다. 그녀는 칠링워스가 부자연스럽고 사랑 없는 결혼을 밀어붙이는 바람에 여러 가지 불행한 일들이 비롯되었다고 생각하는 것이다. 이 문제에 대한 그녀의 최종 결론은 "죄가 되든 안 되든, 저 사람은 싫다!"이다. 우리는 여기서 칠링워스와의 결혼에 대한 헤스터의 생각을 처음으로 알게 된다. 그는 서재에서 산더미 같은 책에 둘러싸여 오랜 시간을 보내다가 나와서 '아내의 미소를 듬뿍 쬐면서 몸을 녹였다.' 예전에 그녀는 이런 장면을 행복하게 떠올리곤 했으나, 지금은 그것이 참으로 어리석은 일이었으며, '가장 추악한 기억'이라고 여긴다.

주제 탐색 이 소설에 나오는 남녀 관계의 차이점에 주목해 보자.

첫째, 헤스터와 칠링워스는 합법적인 부부 사이지만 사랑과 열정이 없다. 둘째, 헤스터와 딤스데일의 관계는 사랑과 열정은 있지만, 결혼한 사이는 아니다. 이 소설의 줄거리와 주제는 이 두 관계가 합류하는 청교도 사회에서 시작되고 있다.

주홍 글씨에 대한 또 다른 변주(變奏)는 헤스터와 펄의 대화에서 나타난다. 헤스터가 처한 가슴 아픈 고독감은 딸에게 비밀을 말해야 할지를 놓고 생각할 때 분명해진다. 그녀는 일생에서 두 남자를 제외하고, 마음을 털어놓을 수 있는 사람을 만나지 못했기 때문에 딸에게 모든 비밀을 이야기하고 싶은 충동을 강하게 느끼지만 비밀을 지키기로 결심한다.

Chapter 16
숲 속 길

　　헤스터는 딤스데일 목사가 해변을 따라 거닐거나 숲 속으로 산책할 때를 틈타 만나려고 기도했으나 성공하지 못한다. 그녀는 그가 여행에서 돌아올 것이란 얘기를 듣고, 만날 수 있기를 바라며 펄을 데리고 숲 속으로 간다. 헤스터와 펄이 숲 속 오솔길을 따라 걷고 있을 때, 머리 위의 두터운 회색 구름을 뚫고 햇빛이 깜빡이며 쏟아져 들어온다. 펄은 어머니의 가슴에 달린 A자 때문에 햇빛이 어머니에게서 달아난다고 말한다. 펄은 글자를 달고 있지 않은 어린애이기 때문에 달려가서 빛을 한 조각 '잡는다.' 그런데 헤스터가 다가가니 햇빛은 사라져버린다.

　　펄은 헤스터에게 악마에 관한 이야기를 해달라고 조른다. 엄마도 악마를 만나본 적이 있는지, 그리고 주홍 글씨가 악마의 표적인지 묻는다. 헤스터는 "평생에 한 번 악마를 만났어! … 이 주홍 글씨는 그의 표시야" 하고 고백한다.

　　깊은 숲 속으로 들어간 헤스터와 펄은 개울 옆 이끼 더미 위에 자리를 잡고 앉는다. 바로 그때 오솔길을 걷는 발자국 소리를 듣고 헤스터는 펄을 다른 데로 보낸다. 아이는 다가오는 것이 악마인지, 그리고 딤스데일 목사가 악마의 표시를 감추기 위해 가슴에 손을 올리고 다니는 것인지 묻는다. 헤스터가 미처 대답하기 전에 딤스데일이 그들 쪽으로 온다. 목사는 초췌하고 쇠약한 모습으로 살아갈 목적도 의욕도 잃은 듯이 움직인다.

가슴에 한 손을 올려놓은 채.

이 장과 이어지는 4개 장에는 극적인 행동이 벌어지는 가장 긴 부분이 들어 있다. 소설이 7년에 걸친 이야기를 담고 있지만, 전체 분량의 5분의 1이 여기 단 하루의 행동 속에 집중되어 있다. 16장은 특히 목사의 고백을 위한 무대를 설정하는 역할을 한다. 이 장에는 상징적인 의미가 풍부하게 나타난다. 숲의 무시무시한 어둠은 헤스터의 정신 상태와 다음 장면의 분위기를 반영하고, 이 장에서 언급된 거의 모든 요소들에는 상징적인 중요성이 있다.

문학적 장치 깊은 숲을 통과하는 좁은 오솔길은 헤스터가 지난 7년간 걸어와야만 했던 '정신적인 황무지'를 암시한다. 악마와 그의 표시에 관한 이야기는 '흔한 미신'으로 묘사되지만, 헤스터에게 악마와 그의 표시는 특별한 의미가 있다. 여기서 호손은 그들의 대화를 통해 주홍 글씨를 악마, 그리고 나아가 딤스데일이 짊어지고 살아가는 짐과도 연결시킨다.

인물 탐색 호손은 이 장의 일부를 할애해서 펄과 자연, 그리고 그녀 주위의 황무지를 결부시키고 있다. 시냇물은 펄을 상징한다. "펄은 시냇물과 마찬가지로 신비로운 원천에서 생명의 흐름이 솟아났고, 음산한 빛이 어린 그늘 속을 흘렀다."

펄은 열정의 산물이기 때문에 자연과 말을 하고 자연의 황폐함과 아름다움을 이해하는 것 같다. 그녀는 햇빛이 자기를 좋아하지만, 헤스터가 다가가면 사라져버린다는 것을 알고 있다. 이런 통찰에는 펄이 죄 많은 행동의 상징인 주홍 글씨를 달고 다니는 일이 없기를 바라는 헤스터의 생각이 덧붙여진다.

다음에 이어지는 헤스터와 목사의 대화에서는 자연, 자연의 법칙, 인간성에 관한 상징들이 청교도 사회의 인위적인 법들과 나란히 제시된다.

Chapter 17

목사와 신도

전도사 엘리엇을 심방하고 나서, 느릿느릿 황무지를 걸어 돌아오던 딤스데일 목사는 자기를 부르는 헤스터의 목소리를 듣고 소스라치게 놀라며 처음에는 그녀가 사람인지 유령인지 분간하지 못한다. 실제로 두 사람은 각각 옛 자아의 유령이나 다름없다. 그들은 머뭇거리는 말투로 어색한 만남을 갖고 지난 7년에 대해 이야기를 나눈다. 딤스데일은 자신이 비참하고 불행하다고 고백한다. 헤스터가 위로하면서 사람들이 그를 존경한다고 말하자, 목사는 죄와 위선이 더 뼈저리게 느껴진다. 그는 자신의 침묵과 그녀의 공개적인 고백을 비교하면서 숨겨진 죄가 자신을 얼마나 괴롭히는지 깨닫는다.

헤스터는 자기의 침묵 때문에 딤스데일이 남편에게 심한 고통을 받는다는 것을 깨닫고, 이 기회를 이용해서 칠링워스의 비밀을 폭로한다. 이런 고통은 사람을 정신착란으로 이끌고, 선과 진리로부터 영원히 멀어지게 해서 아마도 이 세상에서 미칠 수밖에 없을 것이다. 또한 헤스터는 아직도 딤스데일을 사랑한다는 것을 깨닫고 자신의 침묵에 대해 용서를 빈다.

칠링워스의 정체를 알게 되자 화가 난 목사는 괴롭힘을 당하게 만든 그녀를 비난하며, 칠링워스를 처음 만났을 때 직관적으로 가슴이 움츠려든 이유를 깨닫게 된다. 헤스터는 지역사회의 멸시와 비난을 말없이 견

여내고 동정 받지 못한 채 7년을 살아왔지만, 딤스데일의 비난은 참을 수
없다. 그녀는 목사 옆에 쓰러져서, "용서해 주세요! 하나님께 벌을 받겠
어요! 용서해 주세요!" 하고 울부짖는다. 그녀는 그를 부드럽게 감싸 안고
그의 슬픔에 동정심을 느끼며 7년간의 형벌이 사라지는 것 같은 심정을
느낀다.

딤스데일도 이내 그녀를 용서하고, 하나님께 두 사람을 용서해 달라
고 빈다. 그는 칠링워스가 그들 중 가장 나쁜 죄인이라고 생각한다. '인간

의 진심이 갖는 신성함을 더럽혔기' 때문이다. 자기들 두 사람은 '결코 그런 짓은 하지 않았다.' 숲에서 청교도 사회에서는 느낄 수 없는 평화와 조화를 찾은 그들은 그곳을 떠나기가 망설여진다. 딤스데일은 헤스터가 칠링워스의 정체를 밝힐 것을 알고 있으니, 그가 앞으로는 어떤 일을 벌일지 두려워한다. 목사는 헤스터에게 용기를 달라고 청한다.

　　헤스터의 계획은 딤스데일이 청교도 사회를 떠나 자연 속에서 살거나 유럽으로 돌아가는 것이다. 거기서는 '이 무쇠 같이 매정한 사람들과 그들의 의견 같은 것'에서 벗어나 자유로울 것이다. 하지만 딤스데일은 두 가지 중 어느 것도 할 힘이 없다고 느낀다. 헤스터는 그를 격려하면서, 그는 선한 일을 위해 힘찬 삶을 영위하면서 지상에서의 사명도 완수할 수 있다고 주장한다. 목사가 혼자서는 그런 일을 할 수 없다고 말하자, 그녀가 함께 가겠다고 한다.

　　이 장은 여러 면에서 중요하다. 지난 7년간 헤스터와 딤스데일이 가져왔던 감정을 보여주고 휴화산 상태의 사랑을 다시 일깨워줌으로써 소설의 줄거리를 진전시키고 있다. 여기서는 또한 호손이 처벌과 용서에 관한 자신의 철학을 밝히고 있다. 즉, 교묘하게 계산된 악의적인 행동이 열정으로 저지르는 죄보다 훨씬 더 나쁘다는 것이다. 이렇게 볼 때, 칠링워스는 세 사람의 죄인 가운데 가장 나쁜 사람이다. 마지막으로 호손은 등장인물들이 탈출구, 즉 세속적인 괴로움에서 벗어나는 길을 찾을 희망을 제공하고, 그들의 탈출 계획에서 자연 법칙과 청교도 법률 간의 갈등을 탐색하고 있다.

지난 7년간 딤스데일은 자신의 실체와 사람들이 믿는 자신 사이의 이중성 때문에 줄곧 괴로움을 겪어왔다. '진리에 목마른' 신도들은 그가 하는 말을 마치 '펜티코스트의 혀가 하는 말처럼 귀 기울여 듣는다. 그는 자주 하나님에게 자기 죄를 고백했지만 사람들에게 털어놓지는 않았다. 그는 홀로 수치심을 견디고 있다. 호손은 이것과 사람들의 눈에 보이는 헤스터의 죄의 표시, 고백, 그리고 구속(救贖)의 희망을 대비킨다. 헤스터는 목사를 위로하면서 이미 참회했으니 죄를 과거 속에 남겨두라고 설득하지만 딤스데일은 어디를 가든 숨겨진 죄를 안고 가야 한다는 것을 알고 있다.

헤스터는 아직도 딤스데일을 사랑하고 있음을 깨닫고 용감하게 고백하고, 칠링워스의 정체에 관해 침묵을 지켜온 사실도 털어놓는다. 호손은 '그 자체로서 신성한' 그들의 사랑과 칠링워스의 복수를 대비시키면서 독자들에게 어떤 죄가 더 나쁜지 묻는다. 누가 확실하게 알면서 하나님의 법칙을 어겼는가? 누구에게 구속과 용서가 주어질까? 헤스터는 두 사람이 자기들만의 법칙과 죄와 벌을 가진 '이 무쇠 같이 매정한 사람들'로부터 도망칠 수 있다고 생각하지만, 딤스데일은 확신하지 못한다. 여기서는 하나님과 자연의 법칙, 그리고 '이 무쇠 같이 매정한 사람들'이 만들고 해석하는 법칙, 이 두 가지 형태의 도덕률이 작용하고 있다. 결국 그들이 인간의 법칙에서 벗어남으로써 하나님의 뜻을 따를 수 있을까?

딤스데일은 하나님이 그에게 직분을 주었으니 그것을 버려서는 안 된다며 떠나기를 주저한다. 하나님 세계의 이 황야는 그의 재능을 필요로 하고 있다. 헤스터는 유럽과 같은 다른 곳에서도 하나님의 뜻을 따를 수 있으며, 그를 속박하는 것은 청교도의 법칙일 뿐이라고 안심시킨다. 여기 황무지에서 두려움과 수치를 안고 죽어가는 대신에 유럽에서 '설교하고, 글 쓰고, 행동할 수 있으며' 참된 삶을 살 수 있다는 것이다.

호손은 여기서 등장인물들의 상대적인 힘을 보여주고 있다. 헤스터는 길고도 외로운 7년을 의존해 온 힘과 내적 용기를 활용하고 있다. 실제로 헤스터에게는 '버림받고 무시당한 7년이란 세월은 바로 이 시간을 위한 준비에 지나지 않았다.' 그녀는 이 청교도 식민지를 떠나서도 영적으로 풍요로운 삶을 살아갈 수 있다는 것을 마음속 깊이 알고 있다. 그들은 죗값을 치렀으며 여전히 하나님의 법을 존경하고 지킬 수 있다는 것이다. 반면, 이런 시각과 헤스터처럼 용기가 부족한 딤스데일은 여러 차례 그녀에게 힘을 달라고 청한다.

Chapter 18
쏟아지는 햇빛

목사는 헤스터에게서 용기를 얻어 청교도 식민지를 떠나기로 결심한다. 그러나 혼자 떠나는 것이 아니다. 그는 돌이킬 수 없이 죽을 운명에 처해 있다면, '사형수가 처형되기 전에' 누릴 수 있는 위안을 누려서 안 될 까닭이 어디 있겠는가, 하고 생각한다. 헤스터는 그의 말에 동의하고 주홍 글씨를 떼어내 던져버린다. 모자도 벗어버리고 숱 많고 윤기 흐르는 머리칼을 치렁치렁 흘러내리게 한다. 자연은 그녀의 열정적인 행동에 반응해 햇빛을 쏟아놓는다.

이제 헤스터는 딤스데일이 펄을 만나주기를 바란다. 그는 망설인다. 그녀는 펄이 좋아할 것이라고 안심시킨다. 펄이 두 사람을 향해 천천히 다가오고 있을 때, 자연은 그녀의 친구이자 가까운 영혼처럼 뒤를 따른다.

이 장은 17장의 변주로서 자연을 통해 해석된 하나님의 법칙과 인간이 해석하는 하나님의 법칙에 대한 호손의 대비를 보다 자세히 보여주고 있다. 딤스데일은 달아나려는 생각에만 빠져들고 있다. 그는 청교도 지역사회의 종교적 교리를 옹호

하는 주요 인물이다. 청교도들은 하나님이 선택된 사람들에게
만 구속을 허용하고, 구원은 신앙과 하나님의 은총이란 선물
을 통해서만 얻을 수 있다고 믿기 때문에, 딤스데일 자신은 형
벌을 선고받은 영혼이니까, '처형되기 전에 사형수가 누릴 수
있는 위안'에 잠시 이끌린다고 합리화한다. 그는 자신을 이미
유죄판결을 받은 존재로 느낀다.

헤스터는 청교도의 법칙(주홍 글씨)과 청교도 사회(그
녀의 머리칼을 감추고 있던 모자)의 상징을 제거함으로써, 단
조로운 회색의 '타락한 여자'에서 자연 법칙을 따르는 정열적
이고 관능적인 여인으로 변모해 딤스데일에게 사랑을 고백한
다. 햇빛이 그녀를 따라가는 광경은 자연이 그녀의 행동을 지
지한다는 것을 보여준다. 딤스데일은 자기를 되찾기 위해 헤
스터에게 의존하며, 하나님의 손에서 느끼지 못했던 자비와
용서를 그녀가 줄 수 있다고 생각한다. 헤스터는 주홍 글씨를
떼어내 던져버리면서 이 세상의 감옥에서 해방된 듯한 느낌이
들지만 넘어야 할 마지막 장애물이 있다. 펄과 딤스데일의 만
남이 바로 그것이다.

이 장에서 호손은 펄에게 신비하고 우아한 특성을 더
해 준다. 그녀는 자연과 밀접하게 연결되어 이곳 숲 속
에서는 햇빛이 함께 장난을 하고, 숲 속 동물들(목도리뇌조,
다람쥐, 여우, 늑대)이 다가와 '이 인간 아이 속에서 자기네들
과 통하는 야성'을 알아본다. 그녀가 지나갈 때면, 꽃들조차

"날 가지고 치장해 봐요. 예쁜 아가씨, 날 가지고 곱게 차려봐요!" 하고 속삭이는 것 같다. 펄은 '가장자리에 풀이 자란 식민지 길거리나 엄마의 오두막집에 있을 때보다 여기(숲 속)에서 훨씬 더 얌전하다.' 결국 펄은 자연 세계와는 조화를 이루고, 인간이 만든 세계에는 어울리지 않는다. 헤스터와 딤스데일이 자연법의 시험에 통과하려면, 펄의 승인을 받아야만 한다. 그런데 목사를 보고 펄이 '천천히 다가온다'. 재결합한 연인들에게 좋은 징조가 아니다.

Chapter 19
시냇가에 선 어린아이

　헤스터는 딤스데일이 펄과 만날 때가 되었다고 판단한다. 헤스터와 딤스데일은 이 아이와 정신적·유전적으로 연결되어 있고 "그녀에게서는 두 사람을 맺어주는 끈이 보인다." 딤스데일은 누군가가 펄에게서 자기 모습을 알아볼까봐 항상 두려웠다고 고백한다. 하지만 헤스터는 그저 펄의 아름다움만을 말하고, 그 애를 '살아 있는 상형문자' 같이 여긴다. 딤스데일은 펄이 자기에게 다정했던 것을 기억하지만, 어린아이들과 있으면 늘 불안을 느끼기 때문에 펄과 만나는 데 자신이 없다. 그러나 헤스터는 펄이 그를 좋아할 것이라고 단언하면서 격한 감정을 보이지 않도록 조심하라고 이른다.

　펄은 두 사람의 관계를 알아보려고 애쓰면서, 아주 천천히 그들을 향해 걸어온다. 딤스데일은 펄의 망설임을 알아차리고, 다시 한 번 가슴에 손을 올려놓는다. 펄은 주홍 글씨가 땅에 떨어져 있고, 어머니의 머리칼이 관능적으로 두 어깨까지 흘러내린 것을 보자, 글씨를 손가락으로 가리키면서 발을 동동 구르고 비명을 지르며 성을 낸다.

　펄의 이런 행동에 대한 헤스터와 딤스데일의 반응은 다르다. 헤스터는 자기의 변화(가슴에서 주홍 글씨가 사라지고 모자 안에 감추어져 있던 머리칼이 풀어져 있는 것)를 펄이 알아차렸다고 깨닫고는 서둘러 옷에 표지를 다시 달고 모자를 써서 머리칼을 감춘다. 그녀는 어린아이들은 변화를 잘 받아들이지 못한다는 말로 펄의 행동을 변명한다. 반면에 딤스데일은 헤스터에게 어떻게든 그 발작적인 행동을 멈추게 하고 진정시키라고 애원한다. 헤스터가 원래 모습으로 돌아오자 펄은 이내 다가와서 장난꾸러기 같이 주홍 글씨에다 입을 맞춘다.

펄은 목사가 대중 앞에서 공개적으로 자신을 인정해 주기를 바란다. 헤스터가 장담한다. 그 같은 시인은 훗날에 가능할 것이라고. 딤스데일은 펄을 달래려고 이마에다 입을 맞춘다. 펄은 곧장 시냇가로 가서 이마를 씻는다. 그녀는 어른들과 떨어져 시냇가에 남아 있고, 시냇물은 힘없이 졸졸 흐른다.

이 장에서는 펄이 행동을 자극하는 사람이 된다. 헤스터와 딤스데일에 대한 그녀의 반응은 해피엔딩의 조짐이 아니다. 실제로 펄은 그 어느 때보다 부모의 열정적 행동을 상징한다. 그녀는 줄곧 헤스터의 죄를 상기시키고, 헤스터가 잠시라도 과거를 잊으려고 하면 반대의 뜻을 분명히 드러낸다. 이 소설을 일관하여 펄은 인간이 만든 규칙과 법을 따르지 않는 모습을 보여주고 인간적인 동정심도 부족한 듯 보인다.

주제 탐색 한편으로 해석하면 펄은 갑자기 자신의 세계가 변화하는 것을 깨달은 아이처럼 행동한다. 또 다른 면에서 보면, 황무지에서 자연과 더불어 조화를 이루는 인간을 상징한다. 그녀의 모습이 완벽하게 투영되는 시냇물은 그녀를 헤스터와 목사로부터 분리하는 경계선이다. 어머니의 주홍 글씨가 사라진 것을 보고 펄이 분노를 터뜨릴 때, "그것은 마치 눈에 보이지 않는 군중이 펄에게 동정과 격려를 보내고 있는 것처럼 보였다."

Chapter 20

당황하는 목사

목사가 먼저 숲을 떠난다. 숲 속에서 일어난 일이 꿈인 것만 같다. 뒤돌아보니 헤스터는 슬픔에 젖어 침울해 있고, 목사가 떠나서 펄이 깡충깡충 뛰며 춤추고 있는 것이 보인다. 자신들의 계획을 검토해 보니, 유럽으로 가는 것이 더 좋은 선택이라고 생각된다. 그는 숲 속에서 원주민들을 개종시키는 생활을 견딜 수 있을 만큼 건강하지 않다. 그리고 유럽은 더 많은 문명과 교양을 제공해 줄 것이다. 더구나 최근에 입항한 배 한 척이 곧 영국으로 출항하는데, 헤스터가 나흘 후에 떠나는 이 배의 탑승권을 은밀히 마련해 놓을 것이라고 한다. 떠나기 전에 목사는 선거 기념 설교를 할 수 있을 것이다. 이 설교는 그의 목사직을 '영예롭게' 끝낼 기회가 된다.

그렇게 결심하고 나니, 딤스데일은 다른 사람처럼 변한다. 그는 힘차게 걸어간다. 모든 게 달라진 것 같다. 실제로 모든 것이 너무 달라진 듯 보여 두려움을 느낄 정도다. 도중에 세 차례 신도를 만나는데, 그때마다 끔찍한 짓을 해보고 싶은 유혹을 느낀다. 자기 교회의 덕망이 높고 고결한 부목사를 만났을 때, 딤스데일은 불경스러운 말을 할 뻔했으나 간신히 참는다. 신도들 가운데서 가장 나이 많고 딤스데일 목사를 숭배하는 한 노부인은 그로부터 영혼 불멸을 부인하는 신성 모독적인 주장을 들을 뻔한다. 끝으로 마음씨 착한 어린 처녀는 자기가 존경하는 목사가 던지는 사악한 시선을 받을 뻔한다. 목사는 어린이들에게 고약한 말을 가르쳐 주고 싶은 충동과 길에서 만난 어떤 선원에게 욕설을 퍼붓고 싶은 충동을 간신히 참는다.

히빈스 부인이 딤스데일 목사에게 언제 같이 숲으로 가자고 초대하면서 자기는 목사가 낮 동안 진실한 감정을 숨기는 방법을 존경하지만 한밤중에 그가 숲 속에서 악마를 만나는 모습을 보게 될 것을 알고 있다고 말한다. 딤스데일이 서둘러 집으로 돌아오니, 그가 흥분해 있다면서 칠링워스가 진정제를 주겠다고 한다. 딤스데일은 칠링워스에게 그의 약이 사랑의 손으로 조제되는 걸 알고 있지만, 이제는 필요 없다고 말하고, 곧 서재로 가서 열심히 선거 기념 설교를 위한 원고를 쓴다.

이 장은 딤스데일의 마음속에서 일어나는 정신적 투쟁에 초점을 맞추고 있다. 그는 숲 속으로 들어갈 때의 쇠약하고 죽어가던 모습에서 완전히 다른 사람으로 변모한다. 호손은 여기서 정신적 투쟁의 성격을 살피며 자기 자신의 논평을 삽입하고 있다.

딤스데일이 '공식적인 의무를 다하고' 사라지는 것처럼 보이도록 선거 축하 설교를 마친 뒤 떠날 것이라고 말할 때, 호손은 "누구나 오랫동안 자신에게는 이런 태도를 취하고 다른 사람에게는 다른 태도를 취하는 버릇에 젖다보면 나중에는 어느 태도가 진실인가 하고 어리둥절해지는 법이다"라고 쓰

고 있다. 전에는 약하고 비참하던 딤스데일은 새로운 목적의
식과 에너지를 얻어서 숲을 떠난다. 그 자신과 헤스터의 의지
에 의해 사고방식이 변한 것이다.

딤스데일은 귀신에 홀린 듯이 활력 넘치는 사나이가 되
어 마을로 돌아오고, 여러 차례 교회 신도들과 낯선 사
람들에게 못된 짓을 하고 싶은 야성적이고 신성모독적인 무의
식적 욕망에 유혹된다. 심지어 히빈스 부인도 그를 자신과 동
류의 악마로 받아들인다. 딤스데일은 "가엾은 목사다… 행복
한 꿈에 유혹당해, 숙고한 끝에 그 자신이 끔찍한 죄라고 알고
있는 것에 자진해서 제 몸을 맡겼던 것이다."

딤스데일은 선거 기념 설교를 준비하는 일에 새로운
에너지를 쏟아 붓는다. 칠링워스가 신도들이 병을 앓고
있는 목사가 다음해에는 이 고장에 안 계시게 될까봐 걱정하
고 있다고 말하자, 딤스데일은 그럴지도 모른다고 동의한다.
하지만 목사의 대답은 실제로 "그래요, 종교를 떠나서 다른
세계에 가 있을 거예요"라는 뜻이다. 여기서 칠링워스와 딤스
데일은 같은 뜻으로 말하지 않고 있다. 호손이 반어법(反語法)
을 사용하고 있는 것이다. 딤스데일 목사가 거짓말을 할 수 있
게 된 이유는 무엇일까? 히빈스 부인이라면 목사가 영혼을 팔
았기 때문이라고 말했을 것이다. 이유가 어찌되었건 간에 그
것이 목사의 설교에 영감을 주고 있음은 분명하다.

Chapter 21
뉴잉글랜드의 경축일

헤스터와 펄은 선거에서 뽑힌 공직자들의 취임 축하 행사와 축제 행렬을 구경하려고 장터로 간다. 그녀는 딤스데일과 함께 보스턴을 떠나서 다시 한 사람의 여자로 살아갈 일을 꿈꾸고 있다. 그녀가 앞일을 곰곰이 생각하고 있을 때, 군중과 축하 행사에 신이 난 펄은 행진을 기다리면서 춤을 춘다. 헤스터의 흥분된 마음을 눈치 채고 있는 사람은 오직 펄뿐이다. 다른 사람들은 그녀가 심드렁하게 행렬을 구경하고 있다고 생각한다.

펄은 줄곧 헤스터에게 조숙한 질문을 던진다. 그녀는 행진에 관해 알고 싶어하면서 목사가 한밤중에 처형대에서 했던 것처럼 자기들에게 인사를 할지 묻는다. 헤스터는 펄에게 조용히 있으라고 조심시키면서 딤스데일 목사를 불러서는 안 된다고 이른다.

브리스틀로 떠나는 배의 선장은 헤스터를 만나자 유럽으로 가는 여행에 로저 칠링워스란 동반자가 있을 것이라고 말한다.

21장은 세 번째 처형대 장면을 담고 있으며, 소설의 클라이맥스에 이르는 몇 개 장 가운데 첫 번째다. 호손은 여기서 주인공을 모두 모아놓고 주요한 갈등을 설명한다.

첫 번째 문제는 공적인 행동과 사적인 행동의 차이다. 호손은 여기서 날카로운 풍자를 쓰고 있다. 1년 중 가장 즐거운 축제날에 청교도들은 "연약한 인간에게 베풀어져도 좋으리라고 생각되는 온갖 즐거움이나 공공의 기쁨을 집중시켜 놓았던 것이다. 그리고 이 축제로 평소의 암울한 구름을 쫓아버리고, 단 하루라도 다른 사회 같으면 온 겨레가 고통을 겪을 때나 보일 그런 엄숙한 표정보다 더 엄숙한 표정을 짓고 있지는 않는 것 같았다." 헤스터까지도 청교도 사회의 침울함과 자신이 내적으로 느끼는 흥분에 차이가 있음을 예시한다. 그녀는 기쁨에 들떠 펄과 딤스데일과 함께 이 식민지를 떠날 계획을 하고 있다는 기미를 보여서는 안 된다. 그러나 마음속으로는 곧 더 이상 주홍 글씨를 달고 다니지 않아도 되고, 그것을 바다 속 깊숙이 던져버리게 될 것이라는 사실에 기뻐하며 흥분하고 있다. 하지만 안전하게 달아날 때까지는 몇 시간 동안 더 치욕의 표지를 달고 있어야만 한다.

이 장에서 펄이 하는 말은 중요하나. 왜냐하면 그것은 딤스데일이 공개적으로 회개하지 않을 경우, 그가 직면하게 될 운명을 시사하기 때문이다. 펄은 딤스데일을 두고 '항상 가슴에 손을 얹고 다니는 … 이상하고 슬픈 분'이라고 예언적으로 묘사하고 있다. 그녀는 목사가 왜 '여기, 밝은 낮에는' 자기와 어머니를 아는 척하지 않는지 그 이유를 이해하지 못한다. 여기서 독자들은 호손이 전달하려는 메시지를 보게 된다. 이 세 사람이 얼마나 먼 곳으로 항해해 가거나 얼마나 오래 살아가거나 간에, 딤스데일이 자기 몫의 죄를 고백하지 않으면, 헤스터와의 관계에서나 자신의 양심상 결코 마음의 평화를 이룰 수 없다는 것이다.

칠링워스도 브리스틀로 가는 같은 배를 타고 떠날 계획임을 헤스터가 알았을 때, 호손의 이런 생각은 더 잘 드러난다. 딤스데일이 현세에서 자신의 양심을 외면하거나 내세에서 창조주가 그의 죄를 모르고 넘어갈 수 있을지도 모르겠지만 그가 지상의 어디로 가든 칠링워스는 그가 처벌을 피해 도망갈 수 있도록 내버려두지 않을 것 같다.

Chapter 22

행렬

　헤스터가 칠링워스의 미소에 대해 생각하고 있을 때 선거일 기념 행렬이 시작된다. 맨 먼저 군악대가 '더욱 격앙되고도 영웅적인 분위기'를 더해 준다. 그 다음에 안정되고 위엄을 갖춘 정치인사들이 뒤따르면서 군중으로부터 경의에 찬 반응을 끌어내고, 끝으로 딤스데일 목사가 등장한다. 호손은 그의 지적 재능에 관해 언급한다. 그는 완전히 달라진 모습으로 걸음걸이와 태도에서 활력과 어떤 결의를 보여준다. 그의 힘은 영적이고, 그는 마치 이 지상의 것이 아닌 무슨 소리를 듣는 듯이 멍한 모습이다.

　이제 초점은 헤스터와 딤스데일에 대한 그녀의 반응에 집중된다. 헤스터에게는 그가 아득히 멀리 떨어져 있는 존재인 양 느껴진다. 불과 사흘 전 숲 속에서 만났던 그 사람과도 전혀 딴판이다. 그녀는 자기들 사이에 놓인 어마어마한 간격을 깨닫고, 이렇게 멀어진 것에 대해 그를 거의 용시할 수 없다. 심지어 완진히 변해 버린 목사를 일아보지 못한다.

　이럭저럭 하는 사이, 히빈스 부인이 나타나서 헤스터와 펄에게 말을 건다. 펄이 목사가 숨기고 있는 것이 무엇인지 묻자, 이 마녀는 헤스터에게 목사도 그 주홍 표식에 견줄 만한 숨겨진 죄를 저질렀다는 것을 알고 있다고 말한다. 펄이 그걸 어떻게 아느냐고 다그치자, 히빈스 부인은 직관적으로 같은 죄인을 알아보는 것은 어렵지 않은 일이라고 설명한다. 그녀는 세상이 곧 딤스데일의 죄를 알게 되리란 말을 남기고 다른 자리로

"

가버린다.

　이제 헤스터는 설교를 하고 있는 딤스데일의 목소리를 듣고 있다. 낱말을 하나하나 알아들을 수는 없지만, '낮은 목소리로 나타내는 고뇌'와 뒤섞인 공감, 흥분, 연민을 느낄 수 있다. 비록 그가 세상에 자기 죄를 고백하고 있지 않는다 해도, 그를 동정하는 헤스터는 그의 어조에서 비애와 절망을 느낀다.

　펄은 밝은 빨강 드레스를 입고 군중을 헤치며 뛰어다니다가 선장을 만난다. 선장은 그녀 어머니에게 칠링워스가 배에 자신과 딤스데일의 자리를 마련해 놓았다는 얘기를 전해 달라고 한다. 이 전갈을 받은 헤스터가 주위의 군중을 살펴보니 대부분이 처형대에 나왔던 얼굴들이다. 이 장은 다음 말로 끝을 맺는다. "교회에 있는 성자와도 같은 목사! 장터에 있는 주홍 글씨를 단 여인! 똑같이 불타는 치욕의 낙인이 이 두 사람에게 찍했을 것이라고 누가 감히 추측할 수 있었으랴!"

이 장에서 호손은 당대 정치인들에 대해 논평한다. 그는 식민지의 초기 정치인들이 명석함은 다소 부족했지만, 묵직하고 침착했다고 서술한다. 그들은 불굴의 용기와 내적인 힘을 가지고 있었으며, 비상시 현명한 결정을 내리고 식민지에 대한 어떠한 침략도 막아냈다. 호손은 심지어 구세계에는 그들에 필적할 만한 정치가들이 없었을 것이라고 느낀다. 청교도 식민지에서는 그들을 존경했지만 호손 시대에 와서는 그러한 존경심이 줄어들었다. 그는 1600년대 사람들도 조상으로부터 이어받아 정치가들에 대한 존경심을 지녔으며, 그들의 자손들에게도 이 존경심은 다소 남아 있었으나, 공직자들을 선출하고 평가하는 데는 그 존경심이 훨씬 줄어들어 매우 미약해지고 있다고 기술한다.

호손은 17세기 정치를 살펴본 뒤 이야기의 초점을 헤스터에게 돌린다. 너무나 멀어진 듯한 딤스데일 목사의 태도에 대한 헤스터의 반응을 묘사하면서, 호손은 두 연인의 재결합 가능성을 사실상 배제하고 있다. 헤스터는 행렬에 나타난 목사("그는 그녀의 세계로부터 너무나 멀리 떨어져 있어 그녀가 가까이 갈 수 없는 존재인 것 같다.")를 사흘 전 숲 속에서 만났던 목사("그들은 서로를 너무나 깊이 알았다.")와 비교한다. 딤스데일이 아주 매정해 보이고 청교도 세계로 완전히 되돌아간 것처럼 보였기 때문에, 헤스터는 숲 속에서 목사와 만났던 일이 꿈이었다고 생각하기 시작한다. 따라서 여생을 함께하기로 한 두 사람의 계획에서 발을 빼는 딤스데일을 용서할 수 없다.

호손은 히빈스 부인을 이용하여 결말을 예고하면서 인간의 마음에 대한 직관적인 이해를 강조하고 있다. 이 늙은 마녀는 목사의 죄가 곧 공개적으로 밝혀질 것이라고 말하고, 헤스터가 설명을 요구하자, 숲이 모든 사람에게 표시를 남겨놓는다고 대답한다. 사람들의 머리카락에 나뭇잎이나 잔가지 같은 흔적이 없다 해도 그 사람의 행동거지에서 증거가 드러난다는 얘기다. 펄이 목사가 감추고 있는 죄의 비밀이 무엇이냐고 묻자, 마녀는 언젠가는 악마가 한 짓을 제 눈으로 보게 될 것이라고 말한다.

호손은 이 장에서 죄와 유혹과 인간의 연약함에 대한 생각뿐만 아니라 직관적인 인간의 인식에 관해서도 기술하고 있다. 이날 딤스데일은 헤스터의 정서적인 세계로부터 자기 자신을 배제했을지도 모르지만 그녀는 딤스데일과의 유대를 잃지 않은 것이 분명하다. 그녀는 목사의 목소리에서 그의 마음의 소리와 '낮은 목소리로 나타내는 고뇌'를 알아챈다. 그녀는 그가 하는 말을 분명히 알아듣지 못 할지도 모르지만, 죄를 숨긴 슬픔에 잠긴 마음은 느낄 수 있다. 그 목소리의 어조는 용서를 비는 간절한 애원이다.

호손은 성자와 죄인을 나란히 묘사하면서 이 장을 끝낸다. 비록 세상 사람들은 모르고 있지만 주요 등장인물들은 결말을 향해 점점 가까이 다가가고 있는 것이다.

Chapter 23

주홍 글씨의 계시

딤스데일 목사의 선거 기념 설교가 끝나자 군중들이 교회에서 쏟아져 나온다. 그들은 방금 들은 힘찬 설교로 깊은 감동에 젖어 있다. 이 순간은 딤스데일 목사의 공식적인 생애 가운데 가장 찬란하고 성공적인 때다. 고위층의 행렬이 시공회당에서 열리는 만찬회장으로 갈 때, 딤스데일에 대한 칭송의 환호성이 터져나온다. "뉴잉글랜드에서 이 목사만큼 인간 형제들에게 존경받은 사람은 아무도 없었다." 그러나 행렬에서 힘없이 비틀거리며 걸어오는 모습이 보이자 그러한 함성은 중얼거림으로 잦아든다. 그의 얼굴은 시체처럼 창백하고 걸음을 옮기기 힘겨워 보인다. 몇 사람이 부축하려고 하지만, 그는 물리치고 처형대 옆 펄의 손을 잡고 서 있는 헤스터 쪽으로 가서 걸음을 멈춘다.

목사는 처형대 쪽으로 돌아서서 헤스터와 펄을 자기 옆으로 오라고 부른다. 갑자기 칠링워스가 나타나 목사를 저지하려고 한다. 목사는 늙은 의사를 꾸짖으면서 헤스터에게 처형대 위에 오를 수 있도록 도와달라고 외친다. 목사가 펄의 손을 잡고 헤스터의 부축을 받으면서 처형대 계단을 오르는 광경을 군중들은 놀라운 눈으로 바라보고 있다. 칠링워스는 딤스데일이 자기한테서 달아날 수 있는 곳이 처형대라는 것을 깨닫자, 얼굴이 어두워진다.

목사는 헤스터에게 지금 죽어가고 있으니 자신의 수치를 인정해야

겠다고 말하고, 군중을 향해 죄를 고백한다. 그는 헤스터와 펄 앞으로 다가서면서 자기 가슴에도 죄의 상징이 있다고 선언한다. 그는 목사복의 앞가슴 부분을 찢어버리고 잠깐 동안 놀란 군중들 앞에 당당하게 섰다가 처형대 위에 쓰러진다.

헤스터는 딤스데일의 머리를 들어 가슴에 품는다. 한편, 무릎을 꿇고 앉은 칠링워스는 "그댄 내게서 도망쳤군!" 하고 넋이 빠진 듯 거듭해서 중얼거린다. 목사는 하나님에게 칠링워스의 죄를 용서해 달라고 빌고, 펄에게 키스를 청한다. 펄은 그에게 키스하면서 흐느낀다.

딤스데일이 죽어가며 헤스터에게 작별을 고한다. 그녀는 자기들이 영원히 함께할 수 없는지 묻는다. 목사는 자기들의 죄를 상기시키면서 영원한 행복은 자기들이 바랄 수 있는 상태가 아닌 것 같아서 두렵다고 말한다. 목사는 그 문제를 하나님에게 맡긴다. 그는 자신을 고백으로 이끌어준 고뇌 속에서 하나님의 자비를 보았다. 그가 죽으면서 남긴 마지막 말은 "하나님의 이름을 찬양할지어다! 하나님의 뜻이 이루어지이다! 그럼 잘 있어요"이다.

: 풀어보기

호손은 이 장에 나오는 세 번째 처형대 장면에서 주인공들을 한자리에 모이게 한다. 23장은 딤스데일 목사의 영감에 찬 설교로 시작하여 그의 죽음으로 끝난다.

딤스데일 목사의 설교는 하나의 인간 승리다. 실제로 호손은 그를 천사에 비유하면서, 그의 설교는 "천사가 사람들의 머리 위에서 황금빛 날개를 퍼덕이며 황금빛의 진리를 소나기처럼 쏟아놓는 것 같다"고 말한다. 목사의 공적인 삶과 사적인 삶 사이의 이 마지막 빗댐은 그가 자기를 성자(聖者)로 보는 모든 사람들 앞에서 죄를 고백할 때 드러난다. 그는 아이,

연인, 삶, 그리고 명예를 모두 버린다. 그가 설교해 온 하나님과의 관계는 거짓말에 토대를 둔 것일 수 없다. 하나님은 모든 것을 보고 계신다. 딤스데일이 아무리 열심히 노력해 왔다 할지라도 자신의 양심과 마음이 믿는 진실을 벗어날 수는 없다. 배를 타고 유럽으로 간다 해도 하나님이 모르는 곳으로 도피할 수 없다.

딤스데일은 고백해야 할 뿐만 아니라 그것도 혼자서 해야만 한다. 헤스터는 자기가 7년 전 처벌을 받았던 처형대 위로 목사가 올라가는 것을 도와주지만, 하나님으로부터 평화를 얻도록 도와줄 수는 없다. 딤스데일이 처형대로 다가갈 때, 윌슨 목사가 대표하는 교회와 벨링엄 지사로 상징되는 국가가 그를 부축하려고 하지만 뿌리치고 혼자서 간다. 그는 죽음에 앞서 헤스터에게 하나님에게 인도하는 힘을 달라고 청한다. 칠링워스의 손을 뿌리친 그는 '의혹과 불안에 찬 표정을 지으며' 헤스터를 바라본다. 실제로 고백을 하기 전에 그는 다시 헤스터에게 "우리가 숲 속에서 꿈꾸었던 것보다 이게 더 낫지 않소?" 하고 묻고, 자신의 행동이 옳다는 확인을 받고 싶어한다. 그리고 "당신과 펄은 하나님이 명하시는 대로 해요… 나는 이제 자비로우신 하나님이 내 눈앞에 분명히 나타내신 뜻을 따르겠소." 하고 설명한다. 딤스데일은 아직도 자신의 선택에 의혹을 품고 있고 헤스터의 힘이 필요할지 모르지만, 결국에는 운명을 하나님에게 맡긴다. 살아서 칠링워스로부터 끊임

없는 고문을 당하느니 죽어서 하나님의 자비를 받는 것이 더 확실하다고 믿는 것이다.

딤스데일은 죽음이 임박했음을 알리면서 헤스터에게 도피보다 고백이 더 좋지 않겠느냐고 묻는다. 그녀는 이웃이 주는 고통과 주홍 글씨의 수치를 무릅쓰고 7년이란 긴 세월을 살아왔다. 헤스터는 자기들 세 사람이 함께 죽는 것이 더 좋겠다고 대답한다. 딤스데일이 혼자 죽으면, 그녀는 무얼 갖게 될까? 사랑하는 사람도 없고, 이미 겪어온 고독한 삶과 아버지가 없는 딸만 남게 될 것이다.

펄은 가장 멋진 선물을 받는다. 사랑과 행복으로 가득 찬 삶이 그것이다. 펄은 아버지가 공개적으로 딸임을 인정하자, 그에게 입을 맞추면서 눈물을 흘리며 운다. 호손은 마침내 펄에게 내려진 '주문(呪文)이 풀렸다'고 말한다. 펄은 자라면서 다른 사람들과 교류하고, 사랑하는 사람을 발견하고, 오랫동안 행복한 인생을 영위해 갈 희망이 있다.

칠링워스는 두 가지 방식으로 승리를 잃게 된다. 첫째, 이제 더 이상 딤스데일을 괴롭힐 수 없게 되고, 둘째, 딤스데일의 축복을 받는다. 딤스데일 목사는 죽어가면서도 하나님에게 칠링워스를 용서해 달라고 기도함으로써 관용을 보인다. 앞서 헤스터가 전 남편의 변화된 모습에서 주목한 대로, 복수는 결코 긍정적인 동기가 될 수 없고 복수심을 품고 있는 사람을 소진시킬 뿐이다.

Chapter 24

결말

장터에서 일어났던 일에 대해 여러 가지 설이 나돈다. 사람들 대부분이 딤스데일 목사의 가슴에 주홍색 A자가 새겨져 있는 것을 보았다고 말한다. 그러나 그 글씨가 어떻게 해서 생겼는지에 관해서는 여러 가지 추측이 있다. 어떤 이들은 딤스데일 목사가 자신에게 무시무시한 고문을 가한 상처라고 생각한다. 다른 이들은 양심의 가책이 가슴속에서 우러나온 결과라고 본다. 또 다른 목격자들은 목사의 죽음은 우리들 가운데 가장 성스러운 사람도 죄인이라는 비유적인 표시라고 믿고 있다. 호손은 이 마지막 의견을 친구들의 의리 탓으로 돌리면서 그다지 신뢰하지 않는다. 그는 세관에서 발견된 원고에서 한 가지 도덕적인 교훈을 찾을 수 있다고 말한다. 그 교훈은 "진실하라! 진실하라! 진실하라! 비록 자신이 저지른 가장 나쁜 죄는 아닐지라도, 최악의 죄로 짐작할 수 있는 특성을 세상에 밝혀라!"는 것이다.

호손은 어떤 등장인물이 이 경고를 따르는지 생각하면서 그들의 운명을 말한다. 칠링워스는 복수심에 사로잡혀 시들고 마침내 어디론가 사라진다. 그는 유언을 통해 펄에게 큰 재산을 남긴다. 펄과 헤스터도 사라지는데 유럽으로 간 것으로 짐작된다. 그들이 떠난 후 주홍 글씨에 대한 전설이 생겨난다. 마침내 어느 날 혼자 돌아온 헤스터가 다시 예전의 작은 오두막집에서 살게 된다. 그녀는 회색 옷을 입고 가슴에 다시 주홍 글씨를 달고 다닌다.

펄의 운명은 아는 이가 없다. 그러나 사람들은 그녀가 좋은 사람과 결혼해서 가정을 이룬 것으로 생각한다. 왜냐하면 헤스터에게 가문의 문장(紋章)이 찍힌 편지들이 왔고, 그녀의 집에서 문명의 이기와 사치스러운 물건들이 발견되기 때문이다. 또한 헤스터가 아기 옷에 수를 놓고 있는 모습을 볼 수 있는데, 청교도의 색깔이 아니라 청교도와는 가장 먼 화려하고 값비싼 재료들을 쓰고 있다.

결국 헤스터는 위안과 온정의 상징이 되고, 죽어서는 교도소 문에서 가까운 공동묘지에 묻힌다. 살아 있을 때 그녀는 슬픔과 고통을 느끼는 사람들에게 위로와 희망을 주었고, 따라서 주홍 글씨는 도움의 상징이 된다. 그녀는 인간의 행복을 엄격한 청교도 사회에서보다 쉽게 얻을 수 있는 더 좋은 시대가 올 것을 알리는 예언자가 된다. 세상을 떠난 그녀는 딤스데일 옆에 묻힌다. 두 사람의 묘는 약간 떨어져 있으나 묘비는 하나다. 거기 이런 글이 적혀 있다. "검은 바탕에 주홍 글씨 A."

문체 탐색 마지막 장은 최후의 처형대 장면 이후에 독자들이 가질 수 있는 의문에 답을 던져준다. 호손은 여러 의문들에 관해 특유의 애매모호함을 보여준다. 어떤 한 가지를 진실이라고 단정하지 않고 여러 가지 견해와 관련된 가능성을 열거하는 것이다. 그런 사건 가운데 하나는 처형대에서 딤스데일 목사의 가슴이 드러났을 때, 사람들이 실제로 무엇을 보았느냐는 것이다. 그날 처형대에 있었던 많은 목격자들의 여러 의견이 제시되고 있다. 그 가운데는 목사의 가슴팍에 아무런 글씨도 없었다는 견해도 있다. 그는 이 마지막 주장은 딤스데 일에 대한 친구들의 의리로 돌린다.

복수의 일념에 사로잡혔던 칠링워스는 잔인하고 비인 간적으로 변했다. 또한 먹잇감이 사라지자, 살아갈 이유를 잃고 만다. 그러나 호손은 칠링워스의 죽음에 대해서도 자비를 보여 사랑과 증오가 근본적으로는 같은 것이며, 내세에는 버림받은 남편과 목사가 평화롭게 쉬게 될 것이라고 장황하게 설명한다.

펄의 운명이 가장 흥미롭다. 호손은 독자들에게 확실한 정보를 제공하지 않고, 그녀가 결혼해서 자녀들을 낳고 오래 행복하게 살았다고 믿도록 해줄 뿐이다. 호손은 펄이 많은 유산을 받음으로써 한때 두 모녀를 추방했던 식민지 사람들 사이에서 그들의 위상이 높아졌다고 지적한다.

이 소설은 헤스터의 운명을 전하면서 끝난다. 사람들은 헤스터가 왜 '그녀의 죄 … 슬픔 … 참회의' 현장인 보스틴으로 돌아왔는지 물을지도 모른다. 호손은 여기서도 다시 한 번 독자들이 판단하도록 맡긴다. 어쩌면 그곳에 마음이 끌렸을지도 모른다. 또한 그녀는 왜 주홍 글씨를 다시 가슴에 달았을까? 그것은 청교도 사회의 엄격한 규범을 받아들인 표시가 아닐까? 아니면 청교도 사회의 시시한 법칙을 초월하여 살아감으로써 자신에게 성실했다는 표시일까? 호손은 후자로 기울어지고 있는 것 같다. 이는 호손이 그녀를 다가올 시대를 내다보는 사람으로 묘사하는 데서 짐작할 수 있다. 그녀는 '남녀 관계를 남녀 상호간의 행복이라는 좀더 굳건한 토대 위에 확립하기 위해 새로운 진리가 계시될 것'이라고 본다.

우아하고 위엄 있는 여자로 변한 헤스터는 고통을 이긴 생존자다. 그녀는 고통을 겪었기 때문에 딤스데일이 줄 수 없는 것, 희망을 잃은 사람에게 희망을, 그리고 슬프거나 곤경에 빠진 사람들에게는 도움을 줄 수 있다. 이런 감정을 가슴 깊이 느껴왔기 때문에 다른 사람들을 위로할 수 있는 것이다.

딤스데일과 헤스터는 죽어서도 함께 묻히는 것이 허용되지 않는다. 얄궂은 것은 두 사람의 묘가 약간 떨어져 있으면서도 묘비가 하나인 점이다. 그들은 살아서는 함께하지 못했지만 죽어서는 주홍 글씨를 공유할 수 있게 되었다.

인물분석 노트

○ 헤스터 프린

　　헤스터 프린에게서 가장 주목할 만한 것은 강직함이다. 작가 호손은 그녀에 관해 많은 정보를 주지는 않지만, 놀라운 성격을 잘 보여주고 있다. 그녀의 강인한 성격은 주홍 글씨를 달고 처형대에 올라 당하는 공개적인 수모와 그 이후 청교도 사회에서의 고립된 삶을 통해 드러난다. 그녀의 내적인 힘, 관습에 대한 도전, 정직성과 동정심은 타고난 성격일지도 모르지만, 주홍 글씨로 인해 그것들이 독자의 관심을 끌게 된다.

　　헤스터는 맨 처음 처형대 장면에서 '훤칠한 키에다 체격이 크고 몸맵시는 더할 나위 없이 우아한 젊은 여인'으로 그려지고 있다. 그녀의 모습에서 가장 인상적인 특징은 '윤기가 많아서 반짝거리는 검고 풍성한 머리채'로 나타나고 있다. 피부빛은 하얗고 눈은 검고 깊으며 균형 잡힌 이목구비는 아름답다. 실제로 "그녀의 아름다움은 빛을 발하고 그녀를 에워싼 불행과 치욕을 그녀 자신을 비치는 후광으로 만들고 있었다."

　　이런 모습과 7년 후의 모습을 비교해 보자. 아름답던 머리칼은 모자로 가려져 있고, 아름다움과 따뜻함은 가슴에 달고 있는 주홍 글씨의 무게에 눌려 사라져버리고 없다. 13장에서 주홍 글씨를 떼어서 던져버리고 모자를 벗자, 다시 7년 전의 눈부신 아름다움으로 되돌아가게 된다. 상징적으로 주홍 글씨를 떼고 모자를 벗었을 때, 그것은 엄격하고 완고한 청교도 사회와 그 도덕적인 구조를 벗어던진 것을 뜻한다.

　　그러나 이와 같은 유예는 짧은 순간이었을 뿐이다. 펄이 화를 내면서 주홍 글씨를 도로 붙이라고 했기 때문이다. 주홍 글씨와 그녀의 머리칼이 제자리로 돌아가자, 이내 "그녀의 아름다움과 여자다운 따뜻함과 풍요로움이 저무는 햇빛처럼 사라지고 회색 그늘이 그녀를 감싸는 것 같았다." 그녀가 받는 벌이 신체적인 모습을 바꿔놓았지만 그것은 성격에 훨씬 더 큰 영향을 미친다.

　　처벌이 있기 전, 그녀에 관해 알려진 것은, 귀족 혈통이지만 가난한, 어느 점잖은 영국 가문 출신이라는 것이다. 그녀는 책을 읽고 실험하는 데 몰두하는 나이 많은 학자 로저 칠링워스와 결혼했고, 행복하다고 믿고 있었다. 이 부부가 신세계로 건너오기 위해 암스테르담을 떠날 때, 남편은 아내를 먼저 보내고 자기는 뒤따라 출발했는데 항해 중 바다에서 실종된 것으로 전해지면서 헤스터는 혼자 보스턴에 살게 되었다. 공식적으로 그녀는 미망인이다. 청교도가 아닌 헤스터는 정신적인 위안과 인도를 받기 위해 딤스데일 목사에게 의지한다. 이 시기 언젠가 두 사람의 위안은 사랑의 열정으로 변해 펄의 탄생이라는 결과를 빚어낸다.

　　독자들은 처형대 위에 펄을 안고 서서 공개적으로 형벌을 받으며 수모를 당하는 믿을 수 없을 만큼 강한 헤스터를 처음으로 목격하게 된다. 그녀는 처형대 위에서 경멸과 빈정

거림이 섞인 태도를 보여주고 있다. 그 빈정댐은 치욕의 상징인 주홍 글씨를 정교하게 수놓은 것에서 나타나고 있다. 주홍 글씨는 '환상적으로 화려한 금실'로 수놓아져 수수하고 꾸밈없는 옷차림을 요구하는 청교도 식민지의 법률을 크게 넘어설 만큼 화려하다. 헤스터에 관한 첫 묘사는, 그녀가 '자연스러운 위엄과 품위'를 갖춘 귀부인 같은 모습을 하고 있다고 지적하면서, 자신의 곤경을 크게 의식하지 않는 오만한 미소와 강한 시선을 던지고 있다고 말한다. '자기 심장이 길바닥에 내동댕이쳐져 구경꾼들의 발길에 채이고 짓밟히는 듯한' 고통을 느꼈을지도 모르지만, 그녀의 표정은 그런 생각을 전혀 드러내지 않고, '오만'한 것으로 묘사되고 있다. 자기 자신에 대한 깊은 신뢰를 나타내는 위엄과 우아함을 보여준 것이다.

이 장면에서 딤스데일 목사가 아기 아버지의 이름을 대면, 죄가 가벼워질 것이라고 하자 헤스터는 "천만에요!" 하고 거부한다. 그리고 이름을 밝히라고 거듭 요구받고도 "말하지 않겠어요!"라며 단호하게 거절하자 딤스데일은 안심한다. 그는 혼잣말로 '이름을 대지 않는군! 여자의 마음은 참으로 위대한 힘과 너그러움을 지니고 있군! 끝내 말하지 않을 거야' 하고 그녀를 칭찬한다. 그녀는 사회의 여론에도 불구하고 혼자서 버티겠다는 결의를 보여준 것이다. 그녀의 자립심과 내적인 힘은 식민지의 지사에게 대응하면서 보여준 강철 같은 의지와 법률에 대한 경멸에서도 잘 나타난다.

헤스터는 고독하게 살아가면서도 현지 정부와 마을 주민들을 얕잡아볼 내적 힘을 얻는다. 이러한 태도는 점점 더 강해져서 나중에 딸의 양육권을 지키기 위해 칠링워스와 벨링엄 지사를 만나 담판지을 때도 잘 해낼 수 있도록 해준다. 지사가 펄을 빼앗으려고 하자, 그녀는 "하나님께서 이 애를 제게 주셨어요! 하나님은 당신들이 제게서 빼앗아간 모든 것을 보상해 주시려고 애를 주신 거예요… 하늘이 무너져도 당신들한테 애를 빼앗기진 않겠어요. 그럴 바에야 제가 먼저 죽어버리겠어요!" 하고 항변한다. 그리고 펄을 기독교 가정에 맡겨 더 잘 길러주겠다는 약속에도 "이 애는 하나님께서 제게 맡기신 거예요. 애만은 못 내놓겠어요!"라며 물러서지 않고, 딤스데일 목사에게 도움을 청한다. 이 소설에서 그녀가 혼자서 버텨나가지 않고 남의 도움을 청한 것은 이때가 유일하다.

헤스터의 힘은 남편과 연인을 대하는 데서도 잘 드러난다. 그녀는 사랑하는 남자가 누구인지 알려달라는 칠링워스의 요구에 단호히 맞선다. 칠링워스가 감옥에서 헤스터를 만나는 4장에서 그녀는 "그건 묻지 마세요! 그건 절대로 당신에게 말할 수 없어요" 하고 대답을 거부하는 것이다. 그리고 숲 속 장면에서 딤스데일조차 그녀에게는 자기에게 없는 어떤 큰 힘이 있다고 인정하고, 숲 속에서와 선거 날, 헤스터에게 자신의 우유부단함을 극복할 힘을 빌려달라고 청한다.

이 힘의 원천은 무엇인가? 소설의 도입부에서 처형대

로 걸어나갈 때, 헤스터는 자신의 멍에를 지고 가야 한다고 마음먹는다. 5장에서는 그녀의 외로움이 묘사된다. 그녀는 사회의 따돌림 속에서 바느질로 자신과 어린 딸의 생계를 꾸려간다. 하지만 가까운 친구 하나 없이 살아가고 있다. 그녀의 고독한 삶을 지탱해 주는 것은 오로지 정신력뿐이다. 결국 이 내적인 힘 덕분에 마을사람들의 태도가 바뀌어 주홍 글씨 A를 '유능함(able)'을 뜻하는 것으로 인정하기에 이른다.

헤스터의 또 다른 특성은 자신의 죄를 시인한 것이 말해 주듯 무엇보다도 정직성이다. 17장에서 그녀는 딤스데일에게 아이 아버지를 밝히지 않은 것을 빼고는 언제나 정직했다고 말한다. "거짓말은 절대로 좋지 못한 거예요. 생명의 위험을 느낄 때라도 말이에요!"

그녀는 칠링워스에게도 자기들 결혼이 유감스러운 일이었을망정 "당신은 내가 당신에게 거짓이 없었다는 걸 알고 있어요. 나는 사랑을 느끼지 못했고, 그렇다고 사랑하는 체 가장하지도 않았어요"라고 솔직히 털어놓는다. 그녀는 남편의 정체를 밝히지 않겠다는 약속을 지키고, 그 서약에서 풀려난 후에야 목사에게 진실을 털어놓는다. 이 공개적인 회개의 삶은 비록 어렵고 쓰라린 것이었지만, 그녀로 하여금 올바른 정신을 유지하게 해준다. 반면에 딤스데일은 점점 맑은 정신을 잃어가는 것 같다.

끝으로 헤스터는 지역사회에서 자비로운 인물로 여생

을 살아가는 천사와 같은 존재가 된다. 그녀는 가난한 사람들과 아픈 사람들, 그리고 짓밟힌 사람들에게 위안과 도움을 준다. 윈스럽 지사가 죽어갈 때는 곁에서 임종을 지키기도 한다. 하지만 그런 친절은 당연한 것으로 여겨진다. 그녀의 도움을 받은 사람들도 길거리에서 그녀를 만나면 아는 체하지 않는다.

호손은 이것을 이 세상에서 그녀가 처한 외로운 처지와 고통 탓으로 돌린다. 그녀의 집을 찾는 어떤 친구도, 동료도 없었다. 그러다 보니 고독 속에서 사색에 잠길 시간이 많았다. 수모, 고독, 고통, 그리고 자기 처지를 받아들이는 마음가짐이 그녀로 하여금 다른 사람들의 불행에 마음을 쓰게 만든 것이다.

결국 헤스터의 내적인 힘과 정직함, 그리고 자비심이 상상도 못했던 삶을 인내해 내도록 만든다. 딤스데일이 공개적으로 죄를 고백한 뒤 죽고, 칠링워스가 증오와 복수심에 사로잡혀 죽은 뒤, 헤스터는 조용히 살아가면서 보스턴 식민지의 전설적인 존재가 된다. 주홍 글씨가 그녀를 그렇게 만들었고, 결국 그녀는 고통을 통해 강해지고 평안을 찾은 것이다.

O 아서 딤스데일

'연약함과 슬픔의 화신'인 딤스데일은 창백한 얼굴의 가냘픈 젊은이다. 슬픔 어린 커다란 눈과 파르르 떠는 입술은 예민한 감수성을 보여준다. 청교도 목사로서 좋은 교육을 받았고 철학적인 성향을 가졌다. 하나님에게 헌신적이고 종교에 독실하며 설교를 잘하지만 자기 죄를 털어놓지 못하는 데서 오는 깊은 고뇌에 빠져 있다.

악과 죄를 탐구하고 청교도적인 엄격함과 편협함을 비판하는 이 소설의 주인공 네 사람 가운데서 유일한 청교도다. 당시 보스턴에 살았던 청교도들에 대한 지식이 없다면 딤스데일이나 그가 처한 곤경을 이해할 수 없다.

청교도적인 조건에서 볼 때, 딤스데일의 곤경은 자기 영혼의 지위를 확신하지 못하는 데서 비롯된다. 그는 청교도 목사로서 의무를 다하는 본보기이고, '선택받은 사람'들 가운데 하나라는 표시다. 하지만 유부녀와 정을 통한 죄를 범하고도 그 사실을 숨기고 신도들 앞에서 설교를 하는 자신이 위선자임을 잘 알고 있다. 이것은 그가 '선택받은 사람'이 아님을 말해 준다. 그가 줄곧 하는 철야기도는 천국의 지위, 즉 자기 영혼의 지위를 확인하기 위한 내적인 투쟁을 나타내는 것이다. 그는 때로는 칠흑 같은 암흑 속에서, 때로는 희미한 등불 밑에서, 때로는 거울 앞에 빛을 환히 밝혀 놓고 거울 속에 비치는 얼굴을 보면서 철야기도를 올린다. 호손은 "그가 이렇게 해서 끊임없는 내성(內省)을 하고 그것을 통해 자기를 고문했다"고 기술하고 있다.

끝으로 딤스데일의 곤경을 더 깊게 만든 것은 청교도들 — 따라서 딤스데일도 포함된다 — 은 선행이나 도덕적인 삶이 개인적인 구원을 가져오지 않는다고 믿는 데 기인한다. 딤스데일 자신도 "선행에는 신성(神性)이 없다"고 말한다. (청교도가 아닌 헤스터는 딤스데일의 선행이 그에게 마음의 평화를 가져와야 한다고 믿는다.) 청교도들은 한 인간이 천국에 들어가게 되면 하나님의 주권은 사라진다고 본다. 하나님이 영혼을 창조하여 그것을 인간의 육체에 불어넣었으니 구원은 미리 정해져 있다는 것이다. 청교도들은 선택 받은 사람들, 다시 말해 하나님이 뽑은 사람들로 사악한 행동을 하지 않을 것이며 할 수도 없다고 믿는다. 바로 이것이 딤스데일에게 고통을 안겨준다.

딤스데일은 사람들에게 위안을 주는 차분한 목소리와 군중의 마음을 뒤흔드는 능력을 지니고 있다. 신도들은 그를 사랑하고 조언을 구한다. 목사로서 나무랄 데 없이 훌륭한 그가 자신의 본분에 충실하고, 신도와 동료 목사들 사이에서 신망을 얻고 있는 것은 의심할 여지가 없다. 선한 일을 많이 하고 사람들이 훌륭한 삶을 영위하도록 도와주는 그가 공개적으로 죄를 고백하면 많은 것을 잃게 될 것이다.

이것이 그의 고백 욕구를 가로막는다. 그가 받는 고통이 크면 클수록, 설교는 더 훌륭해진다. 자신을 더 많이 채찍질 할수록, 일요일 설교는 더 열변이 되고, 더 많은 신도들이 그의 말을 경건하게 받아들인다. 그럼에도 불구하고 호손은 20장에서, "누구나 오랫동안 자신에게는 이런 태도를 취하고 다른 사람에게는 다른 태도를 취하는 버릇에 젖다보면 나중에

는 어느 태도가 진실인가 하고 어리둥절해지는 법이다"라고
지적한다.

딤스데일이 마음속 비밀을 해결하고자 몸부림치며 벌
이는 투쟁은 침울하고, 그의 참회는 끔찍하다. 11장에서 딤스
데일은 죄악에 대한 인식과 그것을 밝히지 못하는 무능, 그리
고 회개 욕구와 씨름한다. 자신의 참회와 고행이 하나님과 자
기 기준에 모두 미흡하다는 것을 알고 이것이 자신의 구원에
부족함을 나타내는 것이 아닐까, 두려워한다. 그는 구원받기
위해 까무러칠 때까지 단식을 하고, 피가 흘러내릴 때까지 어
깨에 채찍질을 한다. 그러나 이 처벌은 은밀히 이루어지는 탓
에 자신이 추구하고 절실히 필요로 하는 정화(淨化)를 가져다
주지 못한다.

죄인으로서 그는 점점 유혹에 약해진다. 그리고 쇠약해
진 건강 때문에 쉽사리 자기를 숲 속의 악마와 결부시킨다. 신
도들은 그가 다른 사람들보다 위에 있고, 그의 삶과 생각이 다
른 사람들보다 더 높은 차원에 존재하기를 기대한다. 따라서
고뇌에 찬 그의 마음을 담은 절절한 참회의 설교를 듣는 사람
들은, 그 뜻을 이해하기는 어렵지만 차원 높고 훌륭한 것이라
고 생각하여 박수갈채를 보낸다. 죄와 참회를 둘러싼 고뇌를
통해 이 지적인 목사는 다른 죄인들을 이해하고 공감하게 된다.

이 소설의 클라이맥스인 세 번째 처형대 장면에 나오는
딤스데일 목사의 고백은 그의 구원을 보장하는 행동이다. 독

자들은 선택받은 것이거나 노력으로 얻은 것이거나 간에 딤스데일의 구원이 사실이라고 느끼게 된다. 여러 차례 고백할 기회가 있었지만, 이 장면에 오기까지 성공하지 못한 그는 자신뿐만 아니라 칠링워스를 위해서도 하나님의 용서를 빈다. 칠링워스는 "그댄 내게서 도망쳤군! … 내게서 도망쳤어!" 하고 한탄하면서 목사의 승리를 확인한다.

딤스데일은 헤스터 프린이 가진 힘이나 정직성이 없었기 때문에 혼자서는 고백하지 못했던 것이다. 아마도 그는 죽음을 통해 자기 자신이나 보스턴 시민으로부터 보다 온정 어린 평가를 받게 될 것이다.

○ 로저 칠링워스

로저 칠링워스는 헤스터나 딤스데일과는 달리 무미건조한 인물이다. 그는 성실한 학자였으나 복수를 위한 일념에 사로잡히면서 잔인한 인간으로 변모한다. 그러나 한 사람의 등장인물이라기보다는 악마의 명령을 따르는 상징적 존재라는 성격이 짙다. 독자들은 그가 보스턴에 도착한 후, 복수에 집착하는 그를 만나게 된다.

그는 매력과는 거리가 먼 사람이다. 키가 작달막하고 깡마르고 약간 기형적으로 생겨서 한쪽 어깨가 다른 쪽보다 아래로 처져 있다. '아직 노인이라고 할 수는 없으나' 얼굴에 주름이 많이 잡혀 있다. 그러나 그의 용모에는 분명히 차분한 지성적인 면모가 보인다. 눈에서는 '묘하게 꿰뚫어보는 듯한 힘'이 느껴지나, 등불 아래서 오랫동안 책을 본 탓으로 흐릿해 보인다.

그는 매사추세츠 만(灣) 식민지에서 보스턴에 도착한 직후, 아내가 간통죄로 대중 앞에서 수모를 당하는 모습을 목격하게 된다. 이때 그에게는 몇 가지 선택의 여지가 있었지만 복수하기로 마음 먹는다. 호손은 9장에서 그의 처지를 이렇게 묘사하고 있다. "나이가 지긋하고 여행에 지친 한 사나이가 위험한 황야에서 막 돌아온 참이었는데, 한때 자기 가정의 따스함과 즐거움을 구현해 주기를 바라 마지않았던 여인이 뭇사람들 앞에 죄의 전형으로서 서 있는 모습을 바라보게 되었다." 아내와 떨어져 있다가 돌아오는 가슴 벅찬 길 앞에 끔찍한 사태가 벌어지고 있었던 것이다.

칠링워스는 청교도가 아니다. 1년 넘게 인디언들에게 포로로 있는 동안, 그는 그들을 미개인이나 이교도로 보지 않았고, 청교도들과는 달리 그들을 개종시키려고 하지도 않았다. 그는 학자답게 그들의 약초와 의술을 배우고 연구했다. 나중에 이 약초와 인디언의 의술이 딤스데일 목사를 살아 있게 하는 데 일조한다. 앞서 그는 지식을 추구하면서 연구에 몰두하는 고독한 학자로서의 일생을 살아왔다. 심지어 젊고 아름다운 처녀 헤스터와 결혼한 후에도 필요한 경우엔 아내를 멀리하고 홀로 서재에 틀어박혀서 연구에 빠져들기도 했다.

　　호손은 칠링워스가 때맞춰서 등장해 딤스데일 목사를 도와준다고 서술해, 더 큰 힘에 의해 이루어지는 '다른 세계'의 개입이라는 개념을 발전시킨다. 청교도들은 모든 일에 하나님의 손이나 신의 섭리가 작용하고 있다고 믿었다. 그래서 호손은 칠링워스의 등장을 다음과 같은 말로 설명하면서 청교도들의 생각을 빌려오고 있다. "현명하고 믿음이 두터운 사람들도, 로저 칠링워스가 때마침 나타난 것에 대해 하나님의 손길이 작용하고 있었다고들 생각하는 모양이었다. 그들은 하나님이 이른바 기적적 개입이라는 극적 효과를 노리지는 않아도 당신의 목적을 실현할 수 있다는 것을 알고 있었던 것이다."

　　칠링워스는 보스턴 식민지에 도착하여 아내 헤스터의 사정을 알게 된 후, 근 7년이나 그녀를 내버려두고 딤스데일을 추적하는 데 전념한다. 그러나 그는 아내를 몰락시키는 데 자기도 한몫 했다는 것을 알게 된다. 그녀가 젊고 아름다웠을 때 결혼했으나, 책과 씨름하면서 별거하다시피 생활함으로써 결혼이 '자연의 법칙'을 따르지 않았다는 것을 깨닫는다. 그는 너무나 아름다웠던 그녀가 태어날 때부터 기형인 남자와 결혼했다는 사실이 믿기지 않는다. 그리고 지금까지는 그녀가 그의 지적인 천성에 현혹되어 그의 기형을 잊었다고 생각했으나 자기들이 만난 그 순간부터 인생행로의 끝에 주홍 글씨가 타오르고 있었을 것이라고 깨닫는다.

　　그의 학문에 대한 사랑과 지적인 추구는 딤스데일을 매

혹시킨다. 신세계에서는 학문을 하는 사람들이 희귀한 존재였다. 호손은 "목사는 이 과학자와 함께 있는 데 매력을 느꼈다. 그는 이 과학자에게서 보통 아니게 깊고도 넓은 지적 교양을 인식하고 있었다. 동시에 동료 목사들 가운데선 좀처럼 찾아보려야 찾을 수 없는, 너그럽고도 자유로운 세상을 발견했던 것이다"라고 쓰고 있다. 이 지적인 사랑이 두 사람을 가깝게 만들어주고 칠링워스의 복수 계획을 가능케 했다.

호손은 칠링워스를 과학자, 인간의 감성에는 관심 없는 순수한 지성과 이성의 인간으로 만들었다. 그는 9장에서 신세계에는 칠링워스와 비견할 만한 과학자가 드물다고 서술하고 있다. "그 당시의 식민지에서는 내과와 외과 의사는 희귀한 존재였다." 이런 과학자들은 인체의 과학적 얽히고설킴에 휩싸여 있기 때문에, 인간에 대한 정신적인 부분을 망각한다. 이러한 집단의 전형인 칠링워스는 학문 탐구의 세계에 살고 있다.

그런 칠링워스가 헤스터의 정부(情夫)를 찾아내 복수하기로 결심하자, 과학자의 기술과 동기로 그의 목적을 추구하게 된다. 그는 딤스데일 목사와 같은 집에서 살며 꼬치꼬치 캐면서 그를 괴롭힌다. 그의 가설(假說)은 신체의 부패는 영혼의 부패로 이르게 된다는 것이다. "마음과 지능이 있는 데서는 어디서나 신체조직의 질병이 이런 특이성을 드러낸다"는 것이다. 9장에서 칠링워스의 동기와 기술이 밝혀진다. 그는 과학적인 탐색자로서 냉정하고 지능적으로 실험 대상을 탐색한다. 호손은 "이러한 탐색을 할 수 있는 기회와 자유를 가졌고, 게다가 탐색할 만한 재주를 가진 탐색가의 눈은 어떠한 비밀일지라도 놓치는 일이 거의 없다"고 말하고 있다.

칠링워스는 한 사람의 과학자로서 탐색을 시작한다. 호손은 이렇게 쓰고 있다. "그는 재판관이 갖는 냉정하고 공평한 성의를 갖고, 오로지 진리만을 찾으며 하나님을 탐색하기 시작했다. 마치 그가 문제 삼고 있는 것이 인간의 애정이나 그 자신에게 가해지는 부당한 행위 따위가 아니라, 기하학의 가정선(假定線)이나 도형에 지나지 않는 것처럼." 여기서 19세기에 떠오르는 과학자의 냉철한 지성이 칠링워스의 탐색을 위한 골격으로 활용된다. 바로 이것이 칠링워스를 잔인하게 만들고, 호손의 눈에 가장 큰 죄인으로 비치게 하는 것이다. 그는 딤스데일이 어떻게 반응할지를 보기 위해 그의 마음과 영혼을 침범하며, 인간적인 동정심을 전혀 가지고 있지 않다.

호손은 칠링워스가 인간애로부터 스스로를 격리해서 어떤 결과를 빚어냈는지를 보여주기 위해 헤스터를 이용하고 있다. 14장에서 칠링워스가 과거의 자기 모습을 묘사하자 헤스터가 동의하면서 그런 그가 지금 어떤 인간이 되어 있느냐고 원망한다. 그는 한때 생각이 깊은 사람이었다. "따스한 애정은 없었다고 해도 친절하고 진실되고 공정하며 성실한 사람이었다." 그러나 이제 악마처럼 잔인한 인간이 되어 딤스데일을 파멸시키는 데 몰두하고 있다고 헤스터는 말한다. "당신은 그이의 머릿속을 뒤적거리고 가슴속을 파헤쳐 아프게 하고 있어요! 그이의 생명을 손아귀에 쥐고 날마다 생매장하고 있어요." 딤스데일은 칠링워스의 손아귀에 잡힌 무력한 먹이와 같고, 칠링워스는 자신의 힘을 휘두르면서 광적인 희열을 느낀다. 그는 '주인이 졸고 있는 침실에 들어가는 도둑처럼' 딤스데일의 마음속을 마구 드나들며 어지럽힌다.

헤스터가 숲 속에서 칠링워스를 만나게 되는 14장에서 칠링워스의 얼굴은 검게 변해 있고, 두 눈에서는 붉은 빛이 번득인다. "마치 그의 영혼이 불붙어 가슴속에서 타들어 가는 가운데 정열의 바람이 불어오는 순간에 확 불길을 일으키며 타오르는 것 같다." 그는 복수를 추구하는 동안 악마의 일을 떠맡게 된 것이다. 복수에 사로잡혀 최악의 죄인, 즉 악마의 볼모가 되어버린 것 같다. 너무나 감정이 메마른 이 과학자는 냉혹하고 한결같이 하나님만의 특권인 복수를 모색하고 있는 것이다.

너무나 악마 같이 잔인한 인간이 되어버린 칠링워스는 딤스데일만 집착하게 된다. 선거일 행렬이 진행되고 있을 때, 그가 헤스터에게 아는 체하며 미소를 지은 것은 자기도 딤스데일 목사의 충실한 동반자로서 유럽 행 배에 동승한다는 사실을 알리는 것이다. 함께 있는 것이 그들의 운명이다. 그러나 뜻밖에 딤스데일이 죄를 고백하려고 처형대로 오르자, 칠링워스는 목사가 자기에게서 달아나려 한다는 것을 깨닫게 된다.

목사에 대한 정신적 고문이 유일한 생존 이유였던 칠링워스는 그 대상이 사라지자 존재 이유를 상실한다.

결국 칠링워스는 '햇빛에 시든, 뿌리 뽑힌 잡초처럼 오그라들고 말라서 인간의 시야에서 사라지고 만다.' 복수에 대한 강박관념과 증오가 그를 쇠잔(衰殘)시켜 버렸던 것이다. 그럼에도 불구하고 그는 자신의 재산을 사랑과 열정이 낳은 아이이며, 주홍 글씨의 상징이자 화신인 펄에게 유산으로 남긴다. 아마도 이 행동이 그 죄 많은 인간의 명예를 어느 정도 되찾아줄지 모르겠다.

○ 펄

펄은 사랑과 열정, 그리고 간통 행위 등등의 복합적 상징이다. 펄은 첫 번째 처형대 장면에서 유아로, 그리고 세 살 때, 마지막으로 일곱 살 때 등장한다.

펄의 용모에 대한 자세한 묘사는 6장에 나온다. 거기서 독자들은 세 살짜리 펄을 만나게 된다. 그 애는 "풍염하고도 화려한 아름다움을 지니고 있다. 그것은 깊이 있는 선명한 혈색, 밝고 환한 낯빛, 깊고 광채 있는 강렬한 표정을 지닌 두 눈, 짙은 갈색의 윤기를 머금은 머리칼―그것은 훗날에는 새까만 빛깔로 변할 것이다―의 빛나는 아름다움이다." 독자들은 펄이 '완벽한 신체'와 '왕성한 혈기', '타고난 우아함'을 지닌 것도 알게 된다. 그 애가 입는 옷은 아무리 소박한 것이라도 가장 잘 어울리는 의복인 양, 보는 이의 마음을 끈다.

펄은 영리하고 상상력이 풍부하며 호기심이 많고 때로는 고집을 부리기도 한다. 어느 순간에는 걷잡을 수 없이 깔깔대며 웃다가 다음 순간에 시무룩해져서 말이 없는, 심한 감정의 기복을 보인다. 이런 특이한 행동 때문에 '꼬마 요정', '작은 악마', '발랄한 요정'으로 불리곤 한다. 이 모든 것이 그녀의 상징성을 강화해 준다. 벨링엄 지사는 펄을 '로드 어브 미스룰*의 아이들'과 같다고 말하고, 일부 청교도들은 그 애를 '악마의 자식'이라고 생각한다.

하나의 상징으로서, 펄은 헤스터의 열정을 상기시켜주는 기능을 한다. 헤스터는 맨 처음 처형대 장면에서 자기 가슴에 달고 있는 주홍 글씨 A자를 아기로 가리고 싶은 유혹을 느낀다. 그러나 이내 '이미 수치의 표식이 있는 이상, 그것(아기)으로 또 하나의 같은 표식을 감추려 해봤자 소용이 없다고 판단하고' 그 유혹을 물리친다. 펄이 귀엽고 요정 같은 아이로 자라면서 헤스터는 딸의 이상한 행동이 출생과 어느 정도 연관이 있는 것으로 느낀다.

펄은 또한 헤스터의 간통 행위를 끊임없이 상기시키는 역할을 한다. 실제로 펄은 바로 그 행위가 낳은 존재다. 펄은 아기 적부터 어머니 가슴에 새겨진 주홍 글씨를 자주 만지며

---

* **로드 어브 미스룰**(Lord of Misrule): 중세 유럽 궁정의 그리스도 강탄제 사회자. 역자 주.

깊은 호기심을 보인다. 주홍 글씨가 펄이 태어나서 인지한 최초의 대상으로 이 글씨에 관심을 쏟는 장면이 여러 번 나온다. 예를 들어 이끼로 A자를 만들기도 하고 벨링엄 지사의 저택에 걸린 갑옷의 가슴받이에 주홍 글씨가 반사되는 것을 가리키기도 한다. 헤스터와 딤스데일이 숲 속에서 만나는 장면에서도 주홍 글씨를 가리킨다.

하나의 상징으로서 펄은 항상 헤스터에게 자신의 죄를 의식하도록 일깨워준다. 칠링워스로 인해 딤스데일이 유럽으로 달아날 수 없게 된 것과 마찬가지로 펄은 헤스터로 하여금 열정적인 본성으로부터 달아날 길이 없다는 것을 깨닫게 해준다. 청교도들은 그 같은 열정을 '죄악'으로 본다.

호손의 '거울 이미지' 구사는 인간의 정열적이고 예술적인 측면을 나타내고자 하는 목적과 삶의 진실은 거울 이미지로 나타날 수 있다는 생각에 기인한다. 헤스터는 '까만 거울 같은 펄의 눈동자'를 들여다보는데, "그 속에 조그맣게 비쳐진 얼굴이 자기 얼굴이 아니고 다른 얼굴이라는 생각이 들었다. 그것은 악마 같은 미소를 지은, 악의를 띤, 그러면서도 자기가 잘 알고 있는 얼굴과 비슷한 데가 있었다. 하기는 그것은 미소를 띠는 일은 별로 없었고, 또한 악의를 조금도 보이지 않는 사람의 얼굴이었다." 이것은 악의라고는 전혀 없지만 열정이라는 악에 의해 굴절된 그녀 자신의 얼굴이 아닌가? 만약 그렇다면, 펄은 그 열정의 화신인 셈이다.

시적(詩的)이고 직관적이며 사회적으로 버림받은 예술가의 특성을 청교도들은 악의 대상으로 본다. 펄은 하나의 상징으로서 그런 특성을 나타낸다. 19장에서 펄이 시냇물을 들여다보고 있을 때, 그녀는 "또 다른 아이가 서 있는 걸 보게 되었다. 다른 아이이면서도 똑같은 아이가 역시 금빛 같은 햇빛을 받으며 서 있었다." 이 아이는 펄의 이미지이지 펄 자신의 실체가 아니다. 온통 햇빛을 받으며 서 있지만, 펄 자신의 어두운 그림자와 몽롱한 특성을 띠고 있는 그것은 예술가, 버림받은 자의 열정인 것이다. 이것은 청교도 마을의 경계를 모르는 열정이다. 이 열정은 숲 속에서만 살아날 수 있는데, 헤스터가 모자를 벗고 머리칼을 풀어놓았을 때 되살아난다.

헤스터는 딸의 천성을 밝혀내려고 애쓰지만, 펄과 자신의 열정의 상징적인 일치 이상 더 나아가지 못한다. 6장을 자세히 살펴보면, 펄과 죄의 개념이 일치되는 것을 볼 수 있다. 헤스터는 딤스데일을 사랑하여 자신을 그에게 바친 순간을 회상한다. 펄의 천성을 설명할 유일한 길은 그 애가 어떻게 그 순간의 상징이 되는지를 아는 데 있다. 그녀는 회상한다. " … 그것은 펄이 어머니의 태내에서 자신의 영혼을 어머니의 정신으로부터, 그리고 자기의 육체를 어머니의 육체로부터 빨아들이고 있었던 그 중대한 시기에, 헤스터가 어떠한 상태에 있었던가를 상기함으로써 설명할 수 있었다. 어머니의 흥분 상태는 뱃속의 아기에게 도덕적 생명의 빛을 전달하는 매개가 되었다. 그리고 그 빛은 원래 아무리 결백하고 투명했다고 하더라도, 주홍빛과 금빛의 짙은 얼룩을, 백열한 광채와 검은 그림자를, 그리고 흥분된 모체의 불순한 빛을 띠고 있었던 것이다."

펄이 입은 옷들도 아이와 주홍 글씨와 헤스터의 열정을 결부시켜줌으로써 이 소설의 상징적 목적에 기여하고 있다. 헤스터는 딸에게 금빛이나 붉은색, 또는 이 두 가지 색이 섞인 옷을 입혀서 근엄하고 검소한 청교도 사회를 당혹스럽게 만든다. 그녀는 딸의 양육권을 지키기 위해 탄원하려고 벨링엄 지사를 찾아가면서도 딸애한테 진홍색의 벨벳 옷을 입힌다. 헤스터는 펄의 옷에 '찬란하게 아름다운 것을 즐기는 자신의 취미를 한껏 발휘할 수 있어서' 금실로 수놓은 환상적인 장식들을 만들어준다. 펄에 대한 이런 묘사와 주홍 글씨는 사실상 서로 대체될 수 있는 것이다.

히빈스 부인이 밤에 숲 속으로 오라고 초대하자, 헤스터는 지사가 자기 아이를 빼앗아 간다면, 기꺼이 가겠노라고 말한다. 두 사람의 이런 대화는 독자들에게 하나의 상징으로 펄이 많은 사람들의 양심이기도 함을 일깨워준다. 첫째, 펄은 보스턴 청교도 사회의 양심으로서, 헤스터를 향해 손가락질을 한다. 그녀는 헤스터에게 어디에서나 주홍 글씨를 달고 있어야 한다고 상기시킨다. 숲 속에서 헤스터가 주홍 글씨를 떼어버리자, 아이는 그것을 다시 달게 만든다. 펄은 "햇빛은 엄마를 좋아하지 않나봐. 햇빛이 달아나 숨어버리니 말이야. 엄마

가슴에 단 게 무서워서 그럴 거야” 하고 말한다.

펄은 딤스데일의 양심이기도 하다. 3장에서 헤스터가 펄을 안고 처형대 위에 서 있을 때, 펄은 아버지인 딤스데일 목사에게 손을 뻗친다. 그러나 목사는 아기를 아는 체하지 않는다. 12장에 나오는 두 번째 처형대 장면에서 펄은 딤스데일 목사에게 낮에 사람들이 지켜보는 가운데서 자기 모녀와 함께 손을 잡고 처형대에 서 있자고 한다. 그가 자기 요구를 또 거부하자, 펄은 손을 뿌리쳐버린다. 그것은 책임을 지지 않으려는 사람에 대한 징벌이다. 펄은 선거 축제일에도 목사가 자기에게 아는 척해 주기를 거듭 요구한다. 아이는 목사가 구원받으려면 무엇을 해야 할지를 직관적으로 알고 있는 것이다.

결국 펄을 ‘구원’한 것은 딤스데일 목사의 행동으로, 펄이 진정한 인간이 되게 만들고 그녀에게 인간적인 동정과 감정을 부여한다. 목사가 숨을 거두기 직전 처형대에서 펄이 입을 맞추자, 이 아이를 속박하고 있던 ‘주문(呪文)이 풀린다.’ 바로 그 시점에 펄은 하나의 상징으로서의 신분에서 벗어난다. 아버지의 뺨에 떨어진 펄의 눈물은 그녀가 “인간의 희로애락(喜怒哀樂) 속에서 자라나며, 앞으로는 세상과 투쟁하지 않고, 한 여자가 될 것이라는 약속이다.”

펄은 주로 상징적인 기능을 발휘하지만, 결국 피와 살을 가진 인간이 되는 것을 허락받는다. 그녀는 어머니의 열정과 직관적인 이해, 그리고 아버지의 예리함의 결합체가 된다.

호손은 펼을 통해 풍부하고 다층적인 하나의 상징을 창조했던 것이다.

마무리
노트

〈주홍 글씨〉의 상징성

　　내서니엘 호손은 미국 문학 사상 대표적인 상징주의 작가로 상징에 대한 연구는 그의 소설을 이해하는 데 필수적이다. 일반적으로 말해서 상징은 다른 무엇을 나타내는 데 사용되는 어떤 것이다. 문학에서 상징이라면 흔히 보다 추상적이고 규모와 의미가 큰 개념, 즉 도덕적 · 종교적 · 철학적 개념이나 가치를 나타내기 위해 쓰이는 하나의 구체적인 대상이다. 또한 상징물은 단순히 한 가지 대상을 나타낼 수도 있고 멜빌의 〈모비딕〉에 나오는 백경처럼 거대하고 복잡한 무엇을 가리킬 수도 있다.

　　문학에서 '알레고리(allegory; 우화〈寓話〉)'는 등장인물과 소재와 사건들이 숨은 뜻을 가진 이야기로 어떤 보편적인 교훈을 제공하기 위해 사용되고 있다. 호손은 〈주홍 글씨〉에서 상징들을 위한 완벽한 분위기를 조성한다. 왜냐하면, 청교도들이 세상을 알레고리로 보고 있기 때문이다. 그들에게는 밤하늘을 가로지르는 별똥별 같은 단순한 현상들도 인간사에 대한 종교적 또는 도덕적으로 해석되기 때문이다. 처형대와 같은 사물은 죄와 회개 같은 개념에 대한 의식적(儀式的) 상징이다.

　　청교도들이 그러한 의식을 도덕적이고 억압적으로 활용하는 반면, 호손은 〈주홍 글씨〉에서 청교도들의 해석 방향을 바꾸어놓는다. 청교도 지역사회는 헤스터를 타락한 여자, 딤스데일을 성자(聖者)로 보며, 칠링워스를 배신당한 남편으로서 희생자로 여길지도 모른다. 하지만 그와는 달리 호손은 궁극적으로 헤스터를 인정과 감성을 가진 인간으로 그린다. 반면에 딤스데일은 개인적으로는 그다지 성자답지 않고, 도덕적으로 허약하고 자신의 숨은 죄악을 고백할 수 없는 목사로 그리고 있다. 또한 칠링워스는 인간성을 침해하는 가장 나쁜 사람으로, 사악한 목표를 일념으로 추구하는 인간으로 묘사한다.

이들 등장인물들에 대한 호손의 형상화는 청교도적 사고방식에서는 거부당한다. 소설의 마지막에 청교도 사회 일원들이 딤스데일 목사의 죄의 고백을 직접 보고 들으면서도, 그들이 목격한 것을 믿으려 하지 않는 것이다. 따라서 호손은 등장인물들을 상징으로 이용하여 대중 앞에 널리 알려진 경건함 아래 숨어 있는 청교도적 엄격주의의 냉혹한 이면을 폭로하고 있다.

호손의 상징 가운데 일부는 상황에 따라 의미가 바뀐다. 고정된 상징의 예는 교회를 대표하는 윌슨 목사와 국가를 내표하는 벨링엄 지사다. 그러나 호손의 상징들 가운데 많은 것들―특히 등장인물들―은 지역사회의 처우와 그들의 죄에 대한 반응에 따라 의미가 달라진다. 호손의 등장인물들, 주홍글씨, 빛과 어둠, 색깔의 이미지, 숲과 마을의 배경 등은 모두 상징적 목적으로 활용되고 있다.

● **등장인물들**

　　헤스터는 감성(感性)과 인간성에 대한 처벌의 효과를 보여주는 공적인 죄인이다. 그녀는 타락한 여자로, 부도덕한 선택이 문제되어 경멸받을 만한 범죄자로 여겨진다. 사람들이 도덕적 선택을 위해 씨름하는 것과 마찬가지로 헤스터는 주홍 글씨를 인정하느냐를 놓고 몸부림친다. 역설적인 것은, 청교도들이 그녀에게 죄의 표시로 낙인을 찍어 그녀를 나타내는 색채가 회색이고 활력과 여자다움이 억압된 침울하고 무기력한 여자로 위축시켜 놓는다는 사실이다.

　　7년에 걸쳐 벌을 받으면서 겪는 헤스터의 내적인 투쟁은 헤스터를 낙인의 희생자에서 인간성과 조화를 이루는 굳센 여자로 변화시킨다. 18장에 그녀가 숲 속에서 딤스데일을 만나는 장면에서 호손은 "그녀의 운명은 항상 그녀를 자유의 몸으로 해주려는 경향이 있었다. 주홍 글씨는 다른 여자들이 감히 밟을 수 없는 고장으로 그녀를 들어가게 하는 통행권이었다"고 말한다.

　　세월이 흐르자 청교도 사회도 그녀의 주홍 글씨를 '유능(able)'이나 '천사(angel)'를 의미하는 것으로 보게 된다. 약자들에 대한 그녀의 감성으로 인해 삶이 꼬이고 억압받는 여인에서 다른 사람의 인간성을 존중하는 굳세고 감성이 풍부한 여인으로 변모한 것이다. 그녀의 만년에는 "주홍 글씨를 세상의 비난과 빈정댐이 따라다니는 낙인으로 보지 않게 되고 슬퍼하고 두렵지만 존경심으로 보아야 할 대상으로 여기게 되었다." 그녀의 특성이 주홍 글씨와 강력히 연관되어 있기 때문에, 헤스터는 공적인 죄인으로부터 변화해서 자신의 슬픔을 통해 타인의 인간성을 이해하는 것을 배운 사람으로 그려진다. 흔히 큰 상실과 인생을 변화시키는 경험을 겪은 인간은 다른 사람들의 힘든 상황을 보다 잘 이해하고 더 많이 동정하게 된다. 헤스터가 바로 그러한 사람의 상징이다.

　　반면에 딤스데일은 공적인 얼굴과 사적인 얼굴이 상반되는 은밀한 죄인이다. 매사추세츠 식민지의 명백한 상징인 형리가 이 정착지를 "여기는 불법이 백일하에 드러나게 마련인 고장이다"고 선언하는데 바로 그 식민지는 딤스데일 목사의 훌륭함과 고결함에 외경심을 품고 있다. 그러나 이 훌륭한 목사의 마음속에는 성스러움과 자학(自虐)의 폭풍우가 동시에 일고 있다. 자신의 죄를 밝힐 수 없기 때문이다.

　　나쁘게 보면, 딤스데일은 위선과 자기중심적인 지성주의(知性主義)의 상징이다. 그는 무엇이 옳은지 알고 있으나, 옳은 행동을 할 용기가 없다. 헤스터가 나흘 뒤에 유럽으로 떠나는 배가 있다고 말할 때, 그는 그 타이밍에 기뻐한다. 자기가 맡기로 예정된 선거 기념 설교를 할 수 있게 되어서, 도피하기 전에 '공적인 임무를 완수할 수 있을 것'이라는 이유에서다. 교회 신도들이 펄에게서 자기와 닮은 모습을 찾아내지 않을까 하고 전전긍긍하는 그의 모습은 만인의 존경을 한 몸에 받는 성직자인지 싶을 정도로 경멸스럽고 보기에 민망할 정도다.

딤스데일의 내적 노력은 치열하다. 그는 옳은 일을 하려고 애쓴다. 처형대에 올라서 죄를 고백해야 하며, 그곳이 자기를 고문하는 자 칠링워스를 피하는 유일한 장소라고 알고 있다. 죄를 시인하는 것이 딤스데일을 인간답게 만들어줄 것이다. 숲 속에서 악마가 자기의 영혼을 얼마나 심하게 지배하고 있는지를 깨닫자, 집으로 달려가서 열정적으로 설교 원고를 써놓고 죄를 고백하기로 결심한다. 하나의 상징으로, 그는 정신적인 투쟁에서 잘 싸워 궁극적으로 승리한 죄인을 대표하고 있다.

펄은 현실성이 전혀 없고 거의 전부가 상징이기 때문에 우화적인 이미지들 가운데서 가장 강력하다. 딤스데일은 이 아이를 법을 무시하는 자유로운 존재로 본다. 헤스터는 자기네 죄의 살아 있는 상형문자로 본다. 청교도 지역사회는 악마의 작품으로 본다. 펄은 살과 피를 가진 주홍 글씨로 언제나 헤스터의 죄를 상기시키는 존재인 것이다. 8장에서 헤스터는 경건한 지역사회 지도자들에게 "… 이 아이는 저의 행복이자 저의 괴로움이기도 해요! … 제가 사랑할 수밖에 없는 주홍 글씨예요. 따라서 제 죄를 처벌하는 힘을 백만 배나 가지고 있다는 걸 모르시나요?" 하고 말한다.

펄은 청교도들이 죄악이라는 말을 제외하고는 상상할

수도 없고, 이해할 수도 없는, 예술적인 창조물이다. 그녀는 자연법칙 그 자체이고, 규제 없는 황야의 자유이며, 억압된 열정의 결과다. 숲 속에서 헤스터가 딤스데일을 만날 때, 펄은 두 사람을 보러 시냇물을 건너오기를 망설인다. 두 사람이 청교도 사회를 대표하기 때문이다. 아이는 그 사회에서 행복한 역할을 가지고 있지 않다. 여기 숲 속에서만이 자유롭고 자연과 조화를 이루고 있는 것이다. 시냇물에 비친 펄의 이미지는 호손의 작품에 흔히 나타나는 상징이다. 호손은 예술가의 상상력을 상징하기 위해 거울을 이용한다. 펄은 그 상상력의 산물이다. 딤스데일이 밝은 대낮에 자기 죄를 고백할 때, 펄은 자유로운 인간이 된다. 헤스터는 딸이 구원받을 수 있는 천성을 지녔다고 늘 느껴왔는데 여기서 마침내 신념대로 이루어진다. 펄은 이제 헤스터처럼 인간적 비애와 슬픔을 느낄 수 있게 된다.

칠링워스는 동정심 없는 냉철한 이성과 지성의 상징이다. 딤스데일은 지성은 가졌지만 의지력이 결여된 반면, 칠링워스는 두 가지를 다 가지고 있다. 그는 잔인하고 악마직이며 복수에만 집착한다. 그는 이 소설에 처음 등장하면서 뱀 같은 인간으로 비유된다. 이는 명백히 에덴동산을 암시하는 것이다. 그는 10장에서 딤스데일의 가슴에 새겨진 주홍 글씨를 보았을 때, 악의 정수가 된다. 호손은 이때 칠링워스가 얼마나 좋아서 날뛰었는지를 이렇게 표현하고 있다. "인간의 귀중한 영혼이 천국으로 가는 길을 잃고 사탄의 왕국으로 유인되었을 때, 사탄이 어떤 태도를 취할지 구태여 남에게 물어볼 필요도 없었을 것이다.”

소설의 마지막 장면에서 딤스데일이 칠링워스의 마수에서 벗어나 처형대에 올라갔을 때, 칠링워스는 살아야 할 이유를 잃게 된다. “그의 정력이며 기력이, 그의 생명력과 지적 능력이 모두 일시에 그로부터 사라져버린 것 같았다. 그는 그야말로 쇠약해져버렸으며 마치 햇빛에 시든 뿌리 뽑힌 잡초와도 같이 오그라들고 말라서 사람들의 시야에서 사라지다시피 되었다.” 따라서 하나의 상징인 칠링워스의 역할은 끝난다.

● **주홍색 A**

등장인물들을 제외하고 가장 명백한 상징은 주홍 글씨 그 자체다. 그것은 간통과 속죄와 참회의 상징이다. 헤스터에게는 고통과 고독을 가져오고 재생의 기회를 마련해 준다. 주홍 글씨는 이 책의 머리말인 ‘세관’에서 실제적인 사물로 등장한다. 그리고 헤스터의 가슴 위에 금실로 수놓은 정교한 A자로 나타나고, 벨링엄 지사 저택에 걸린 갑옷의 가슴받이에서 확대된 모습으로 나타난다. 여기서 헤스터는 거대하고 확대된 상징에 의해 가려진다. 그녀가 지은 죄의 상징 뒤에 그녀의 삶과 감정이 가려진 것처럼.

그리고 이야기가 전개되면서, 이 글자는 하늘에 걸린

거대한 붉은 A, 펄이 풀잎으로 만든 초록색 A, 펄이 어머니의 드레스 위에 가시나무로 만든 A, 선거일 행사에 참가했던 일부 구경꾼들이 본 딤스데일의 가슴 위에 새겨진 A 등으로 나타난다. 그리고 마지막으로 헤스터와 딤스데일 두 사람의 공동 묘비의 '검은 바탕에 주홍 글씨 A'로 나타난다.

　　이 모든 예에서 주홍 글씨가 던지는 상징의 의미는 상황에 따라서, 때로는 풀이하는 사람들에 따라서 달라진다. 예를 들어, 두 번째 처형대 장면에서 마을사람들은 하늘에 나타난 주홍색 A를 그날 밤 세상을 뜬 윈스럽 목사가 천사가 되어서 하늘나라로 올라간 것으로 여긴다. 그러나 딤스데일은 자신의 숨겨진 죄를 뜻하는 것으로 본다. 마을사람들은 처음 헤스터의 가슴에 달린 주홍 글씨를 정당한 처벌의 표시이자, 다른 사람들로 하여금 죄를 짓지 못하게 하는 상징으로 본다. 헤스터는 죄의 상징을 달고 다니는 타락한 여인이다. 그러나 나중에 그녀가 고통을 받고 슬퍼하는 사람들의 집을 찾아다니며 위안과 도움을 주자, 주홍색 A자는 '유능'이나 '천사'를 뜻하게 된다. 그것은 헤스터를 재생시켜주고 마을사람들의 눈에 그녀의 의미를 바꿔주게 된다.

● **빛과 색깔**

　　빛과 어둠, 햇빛과 그늘, 한낮과 한밤 등은 모두 동일한 이미지의 표현이다. 마찬가지로 빨강, 회색, 검은색 같은 색채들은 배경과 무대의 상징적인 역할을 한다. 그러나 등장인물들과 유사하게 상황에 따라 빛이나 색깔의 기능이 달라진다. 〈주홍 글씨〉의 1장은 옥문 앞에 피어 있는 장미꽃이 "인간의 연약함과 슬픔에 대한 이야기의 우울한 결말을 누그러뜨려주기를 바란다"는 기대로 끝난다. 하지만 이 소설의 도처에는 그 반대의 일들이 널려 있고 그런 일들이 등장인물을 선과 악의 어느 쪽으로 이끌고 갈지를 결정한다.

16장에서 헤스터와 딤스데일은 회색 구름이 덮인 울창한 검은 숲에 둘러싸인 좁은 오솔길에서 만난다. 죄의식에 짓눌린 연인들의 감정은 자연의 어둠으로 반영된다. 나무들 사이로 이따금씩 쏟아지는 햇빛은 이내 사라지곤 한다. 펄은 햇빛이 죄가 있는 어머니를 비춰주지 않는다고 상기시킨다. 하지만 헤스터가 정열적으로 머리칼을 내려뜨리자 햇빛이 그녀에게 쏟아진다. 태양은 마음이 복잡하지 않고 죄로부터 자유로운 행복이나 하나님과 자연의 동의를 상징한다. 때로 그것은 진실과 우아함의 빛으로 보이기도 한다.

어둠은 항상 칠링워스와 연상된다. 또한 1장에 나오는, 죄와 벌의 현장인 감옥에 대해 묘사하는 데 일조하기도 한다. 이 장면에서 청교도들은 회색 모자를 쓰고 있고, 감옥 속의 어둠은 바깥에서 들어오는 햇빛으로 약간 밝아진다. 헤스터는 어두운 감옥에서 햇빛 속으로 나오자, 눈이 부셔 눈을 가늘게 뜬다. 그러고 나서 혼자 처형대에 오른다. 낮은 노출을 상징하

지만 밤은 은닉을 상징한다. 딤스데일은 한밤중에 처형대에
서서 사회로부터 자신의 고백을 숨긴다. 마지막에 딤스데일
과 헤스터의 묘도 어둠 속에 누워 있다. "이 이야기는 음침하
기 이를 데 없어서 검은 그림자보다 더욱 음침한, 영원히 빛나
는 한 점으로 간신히 구제되고 있다." 그 빛은 말할 것도 없이,
청교도적 침울함 밖으로 뛰쳐나오는 주홍 글씨의 빛이다.

색채도 빛과 어둠과 동일한 역할을 한다. 지배적인 색
가운데 하나는 장미꽃, 주홍 글씨, 펄의 옷, '주홍 글씨의 여인',
칠링워스의 눈, 밤하늘을 가로지르는 유성 등에서 볼 수 있는
빨강색이다. 밤과 칠링워스가 연관될 경우는 언제나 주홍 글
씨는 어둠, 악과 연상된다. 그런데 다른 경우에는 자연, 열정,
법 없음, 창의성의 일부가 된다. 상황이 색깔의 의미를 결정하
는 것이다. 검은색과 회색은 청교도들, 우울함, 죽음, 죄, 죄의
숲을 가로질러 정직함으로 가는 좁은 길과 결부되는 색깔이다.
많은 색채 이미지가 들어 있는 장은 5, 11, 12장이다.

● 배경

호손의 배경들도 상징적이다. 장터와 처형대가 있는 청
교도 마을은 엄격한 통치의 장소로 죄와 벌에 대해 관심이 많
다. 공개적인 수모와 참회는 처형대로 상징된다. 처형대는 딤
스데일이 죗값을 치르고 자기를 괴롭히는 자의 마수로부터 달
아나기 위해 찾아갈 수 있는 유일한 장소다. 처음부터 끝까지

지켜보는 마을사람들은 법에 복종하는 청교도들의 엄격한 관점을 상징한다. 교회와 정부는 이 식민지 구석구석 어디에나 있는, 싸워가야 할 세력이다. 청교도들은 딤스데일을 존경한다. 칠링워스도 처음에는 학자로 존경받는다. 그러나 주홍 글씨를 단 헤스터는 사회에서 추방된 사람이다. 이 지역사회의 지배적인 색채는 검은색과 회색이며 우울한 분위기가 사회 전반을 지배한다.

그러나 근처에 악마의 땅이기도 하고 자유의 땅이기도 한 숲이 있다. 여기서는 햇빛이 펄의 머리 위로 쏟아지고, 펄은 햇빛을 받아들여 간직한다. 숲은 자연의 세계를 대표하고 자연법에 의해 다스려진다. 헤스터는 이 세계에서 모자를 벗고 머리칼을 풀어서 어깨로 흘러내리게 할 수 있다. 그녀는 여기서 딤스데일과 청교도들의 엄격한 법률로부터 함께 달아날 것을 의논한다. 숲의 일부인 시냇물은 '두 세계 사이의 경계'를 마련해 준다. 펄은 헤스터가 가까이 오라고 불러도 청교도 세계로 넘어오기를 망설인다. 하지만 숲은 또한 헤스터가 죄인의 표지를 달고 다니게 된 이후 자기 자신을 발견한 도덕적인 황야이기도 하다.

또한 숲은 마녀들이 모이고 사람들이 악마에게 영혼을 바치기로 서약을 하는 상징적 장소이기도 하다. 숲은 어둠의 세계, 악의 세계를 상징한다. 히빈스 부인은 누가 숲 속을 쏘다니는지 누가 남몰래 사탄의 일을 하고 있는지 알 수 있다고 주장한다. 딤스데일은 청교도 사회에서 달아날 계획을 마음속에 품고 숲을 떠나 집으로 돌아가는 길에, 여러 번 죄를 짓고 싶은 유혹을 느낀다. 그래서 숲은 유혹의 상징이기도 하다.

〈주홍 글씨〉의 모든 장에는 등장인물의 설정, 배경, 색채와 빛 등을 통해서 나타나는 많은 상징들이 들어 있다. 이런 기법을 가장 극적으로 구사한 대목은 처형대가 나오는 세 차례의 장면과 헤스터가 딤스데일과 만나는 숲 속 장면이다. 이런 상징들을 이야기의 전후관계에 따라 바꾸는 호손의 능력으로 인해 〈주홍 글씨〉가 걸작이자 로맨스 소설의 표본이 되고 있다.

〈주홍 글씨〉의 청교도적인 배경

호손은 자신의 청교도 조상과 깊은 유대감을 가지고 있었으며, 그들의 약점과 힘 모두를 강조하는 이야기를 만들었다. 조상들의 신앙에 대한 지식과 그들의 힘에 대한 경탄은 엄격하고 탄압적인 통치에 대한 우려와 함께 균형이 삽혔나. 〈주홍 글씨〉는 이들 보스턴 청교도들에 대한 호손의 견해를 등장인물, 줄거리, 주제를 통해 보여주고 있다.

1620년, 아메리카에 온 초기 청교도들은 매사추세츠의 플리머스에 불안정한 정착지를 건설했다. 이 식민자(植民者)들 가운데 절반이 그 첫해에 죽고 나머지 절반은 이듬해 봄이

오고 인디언들이 때맞춰 개입해서 구조되었다. 이들 첫 정착민들에 뒤이어 10년 후 1630년대에 청교도 무리가 연이어 건너왔고, 1640년대에 이르자 뉴잉글랜드 지역에는 2만 5,000명이 넘는 영국인 정착민들이 자리 잡았다. 1630년대에 들어온 두 번째 집단은 오늘날 보스턴 지역에 매사추세츠 만 식민지라고 이름 붙인 지역사회에 정착했다. 〈주홍 글씨〉의 배경을 이루는 것이 바로 이 식민지다.

●언덕 위의 도시

청교도들은 영국 교회(성공회)를 '정화(淨化)'하기 위해 구세계를 떠났다. 그들의 으뜸가는 소망은 예배 등 종교의식을 간소화하고, 종교가 개인과 하나님 사이의 정신적인 관계를 강화하는 것이었다. 영국에서는 성직자와 정부가 개인과 하나님 사이에서 중재자 역할을 하고 있었다. 청교도들은 이런 과정을 무시하기로 했기 때문에 영국에서 박해받았다. 박해받던 청교도들 가운데 일단이 네덜란드로 달아났다가 곧이어 신세계로 떠났다. 그들은 그곳에서 존 윈스럽이 '언덕 위의 도시'로 묘사한 사회를 건설하려고 했다. '모든 사람들의 시선이 우리들에게 쏠리는' 사회를 만들고자 했던 것이다. 그러한 사회에서 주님의 말씀을 따르고 주님의 길을 영광되게 하는 자기 본분을 다하는 한, 하나님은 그들에게 축복을 내릴 것이고 번영을 누릴 것이라고 생각했다. 호손은 이 식민지가 세워진 지 겨우 15년밖에 안 되는 시기에 감옥이 이미 낡은 건물이 되어 있다고 묘사함으로써 그러한 생각을 빈정댄다.

이 사회에 대한 호손의 견해는 소설의 여러 곳에서 밝혀지고 있지만, 7장에 나오는 지사의 저택과 21장의 뉴잉글랜드 축제일 장면에서 가장 잘 나타나 있다. 벨링엄 지사의 저택 벽들에는 구세계의 당당한 예복을 차려입고 있는 조상의 초상화들이 걸려 있다. 호손은 그 초상화들이 "어느 것이나 하나같이 옛 초상화들이 으레 풍기는 추상 같이 엄한 기색을 띠고들 있었다. 마치 그것은 세상을 떠난 명사의 초상화라기보다는 오히려 망령과 같았으며, 산 사람들의 행위나 오락을 냉혹무정하게 시비하는 눈초리로 바라보는 듯했다"고 말한다. 분명히 이 식민지에서는 지나치게 행복한 것이 길조가 되지 못하거나, 곧 질책이 따를 것만 같다. 새로운 지사가 취임하는 정부의 변화를 축하하기 위한 뉴잉글랜드의 축제에서 호손은 청교도가 아닌 행렬 참가자들이 가장 즐거워하는 것으로 묘사하고 있다. 그들의 옷차림, 행동거지, 얼굴에 나타난 기쁜 표정이 청교도들과는 사뭇 대조적이다. 호손은 청교노들의 근임한 모습을 이렇게 빈정댄다. "청교도들은 1년 중에서도 바로 이 경축일에다가 연약한 인간에게 베풀어져도 좋으리라고 생각되는 온갖 즐거움이나 공공의 기쁨을 집중시켜 놓았던 것이다. 그리고 이 축제로 평소의 암울한 구름을 쫓아버리고, 단하루라도 다른 사회 같으면 온 겨레가 고통을 겪을 때나 보일 그런 엄숙한 표정보다 더 엄숙한 표정을 짓고 있지는 않는 것 같았다.”

●인간의 본성과 구원

이들 초기 청교도들은 프랑스 종교개혁자 존 칼빈의 가르침을 따랐는데 그는 세상을 하나님과 사탄 사이의 무서운 싸움으로 보았다. 칼빈주의자들은 자기들이 하나님의 선민(選民)이라는 증거를 찾기 위해서 끊임없이 자신의 영혼을 탐색하는 매우 내성적인 사람들이었다. 선민은 구원을 위해 하나님이 선택한 사람들이었다. 청교도들에 의하면, 자비로운 하나님은 그의 아들 예수 그리스도를 세상에 보내어 인간의 죄를 대신해서 죽게 했는데 극소수만 구원된다는 것이었다. ‘갱생되지 않는 사람들’로 불리는 나머지 사람들은 영원히 저주받을 것이라고 했다.

매사추세츠 만 식민지에 정착한 청교도들은 모든 인류는 아담과 이브가 에덴동산에서 타락하여 쫓겨났기 때문에 불행하고 죄를 짓고 있다고 믿었다. 아담과 이브가 제멋대로이고 하나님에게 복종하지 않았기 때문에, 인류에게 원죄(原罪)라고 불리는 그 악행의 저주를 가져왔다는 것이었다. 이런 이유로 청교도 학교에서 영어를 가르치는 데 사용된 〈뉴잉글랜드 독본〉(1683)은 ‘A: 아담의 타락으로 우리는 모두 죄를 지었다’로 시작되었다. 대부분의 청교도들은 지옥에서 벌을 받을 것이 확실하고, '선택된' 소수만 천국으로 가게 된다고 믿었다.

●교회와 국가의 관계

교회에 나가는 남자는 투표를 할 수 있었다. 더구나 목사들은 식민지의 선출직 관리들을 지도했다. 따라서 교회와 국가 사이에는 밀접한 유대가 있었다. 〈주홍 글씨〉에서 정부의 두 부문은 로저 윌슨 목사(교회)와 벨링엄 지사(국가)로 대표되었다. 청교도들을 다스리는 법칙은 정신적이고 윤리적인 규범인 성서에서 나왔다. 이 법칙은 명확했고, 처벌은 공개적이며 엄격했다. 헤스터가 주홍 글씨를 달고 처형대 위에서 수모를 당하는 것은 죄인에게 낙인을 찍거나 옷 위에다가 살인범(murderer)을 뜻하는 M자를 달고 다니게 한 형벌과 유사하다. 이런 벌은 나쁜 행동을 억제하는 기능을 했다. 식민지의 법에 동의하지 않는 사람은 추방되거나 박해받았으며 경우에 따라서 사형에 처해졌다.

분명히 이처럼 엄격한 청교도의 법률은 좋은 점과 나쁜 점을 모두 가지고 있었다. 식민지는 초기에 정착한 이들의 신앙과 부지런함과 용기 그리고 인내가 없었더라면 살아남지 못했을 것이다. 그들은 인디언의 공격을 두려워하고, 치명적인 질병과 굶주림과 뉴잉글랜드의 혹독한 겨울을 버텨내야만 했다. 또한 법칙이 아주 분명한 사회를 형성했다. 청교도들이 바랐던 이런 행동 규범들에는 성격이 뚜렷하지 않은 부분이 거의 없었다. 이들 엄격하고 내성적인 청교도들은 개인에게는 억압적이었지만, 질서와 신앙이 필요했던 초기에 식민지를 유지하게 만들어주었다.

그 반면에 청교도들이 건설한 엄격하고 억압적인 사회에서는 개인주의의 여지가 거의 용납되지 않았다. 이 사회에서는 정당성(正當性)의 길이 매우 좁고 그것이 죄와 벌에 관한 엄한 설교를 통해 전파되었다. 물론 공적인 지식과 사적인 행동 사이에는 차이가 있었다. 이 소설 속의 역할로 볼 때, 딤스데일과 칠링워스는 둘 다 '죄인'이지만, 이 억압적인 사회의 존경받는 구성원이다. 그 반면에 헤스터는 공개적으로 죄를 인정했기 때문에, 사회에서 추방된 처지가 된다. 이 냉랭한 사람들과 그들의 규율은 그러한 갈등이 생생히 지속되는 호손의 이야기에 배경을 제공해 준다. 공개적인 속죄는 청교도 사회에서 극적으로 중요한 일부이기 때문이다.

이와는 대조적으로, 청교도들이 악마나 악마가 나타나는 곳으로 여기는 숲은 법과 질서가 없는 곳이다. 악을 따르기로 선택한 자들은 악마의 책에 서명하고 죄악의 삶을 택한다. 〈주홍 글씨〉에서는 히빈스 부인이 이 악의 세계를 상징한다. 실제로 그녀는 이렇게 말한다. "나는 알아요. 악대 뒤를 따라간 많은 교인들이 (숲 속에서) 나와 함께 곡조에 맞춰 춤을 추었던 사람들인 걸 말이야." 이 청교도들이 헤스터 프린에게 낙인을 찍어야 한다고 말하다가, 다음 순간에는 숲 속에서 악마의 음악에 맞춰 춤을 추었을지도 모를 일이다. 헤스터와 딤스데일의 만남도 엄격하고 억압적인 법의 사회에서 벗어나 그숲 속에서 이루어진다. 그들은 거기서 이 소설의 중심적인 갈등, 사회의 법칙과 반대되는 인간 본성의 필요성을 논의할 수 있다.

●처벌

죄인에 대한 식민지의 분노는 2장에 나오는 첫 번째 처형대 장면에서 잘 볼 수 있다. 식민지의 '선량한 아낙네들'은 자기들이 처벌을 맡는다면 이렇게 해야 한다고 성토한다. "아무리 가볍다고 하더라도 시뻘겋게 단 쇠로 낙인을 찍었어야 할 것이에요. 헤스터 프린의 이마빼기에다가 말이에요." 군중 속에서 '자칭 판사들 가운데서 제일 무자비한' 또 다른 아낙네는 자기네들의 식민지 법률이 성서에 토대를 두고 있다고 지적하면서 이렇게 말한다. "이 여자는 우리 모든 여성들에게 치욕을 주었으니까, 죽는 게 마땅해요. 사형에 처하는 법률이 없다는 말인가? 분명히 있지, 성서에도 있고 법률책에도 있지. 그런데 판사들은 그런 법률을 헛되게 만들고 말았어. 그러니 자기들의 아내나 딸들이 타락을 하더라도 그땐 할 말이 없지 뭐예요!"

청교도들은 매사추세츠 만 식민지에서 죄인을 사랑하

고 죄를 증오하는 데 큰 어려움이 있었다. 칠링워스가 군중 속의 한 사람에게 헤스터의 범죄에 관해서 물었을 때, 그 사람은 이 부인이 아름다운 미망인이니 아마도 강권과 '유혹에 끌려서 타락하게 되었을 것이기' 때문에, '재판관들이 크나큰 자비심과 부드러운 마음'으로 사형에서 감형해 주었다고 대답한다. 학자이면서 의사이기도 한 칠링워스는 그것은 '죄에 대한 살아 있는 설교'가 될 테니 현명한 처벌이라고 말한다. 사회의 여론 가운데서 유일하게 부드러운 의견은 군중 속의 한 젊은 여자한테서 나온다. 그녀는 헤스터가 옷에 달린 주홍 글씨를 아무리 감추려고 해도 자기가 죄인이란 사실을 언제나 마음속에서 잊을 수 없을 것이라고 말한다.

이 지역사회의 막강한 두 기둥인 판사들과 목사들은 헤스터의 죄와 법령에 관해서 어떻게 생각할까? 호손은 3장에서 헤스터를 둘러싸고 앉아 있는 벨링엄 지사와 다른 고위 인사들을 묘사하면서 '그들은 의심할 나위 없이 선량하고 공정하고 현명한 사람들'이라고 말한다. 그러나 교회를 대표하는 원로 목사인 윌슨 목사가 나서서 헤스터가 저지른 '더럽고 흉측한 죄'를 논하고 아기의 아버지 이름을 밝히기 위해서는 목사가 개입하는 것이 최선의 방법이라면서, 그 일을 딤스데일 목사에게 맡긴다. '천사의 목소리'를 가진 이 젊은 목사는 헤스터에게 아기 아버지의 이름을 밝히라고 설득한다.

"그 사나이에 대한 그릇된 동정과 온정 때문에 침묵

을 지키지는 마시오! 나를 믿으시오, 헤스터. 설령 그 사나이가 귀한 자리에서 내려와 치욕의 처형대 위, 바로 당신 곁에 서게 될지라도, 일평생 내내 죄를 범한 마음을 감추고 사느니보다는 훨씬 훌륭할 테니 말이오. 당신이 침묵을 지킨다고 해서 그 사람에게 무슨 도움이 되겠소. 그래 그 사나이가 유혹하여—이를테면 그 사나이가 강요하여—지은 죄에 위선을 덧붙이게 하는 것 이외에는 말이오? 하나님은 당신에게 마음속의 악과 가슴 밖의 슬픔을 무찌르고 버젓한 승리를 거둘 수 있도록 공중 앞에서 모욕을 당하는 기회를 주었던 것이오. 당신은 그 사나이에게—아마 그 사나이는 손수 손을 들 용기가 없는지도 모르지만—지금 당신 입술 앞에다 내민 쓰기는 하지만 영혼에 이로운 술잔을 주기를 꺼리고 있다는 걸 주의하시오!"

결국 헤스터는 매사추세츠 만 식민지의 엄격한 법률을 피해 유럽으로 달아났다가, 나중에 자발적으로 다시 돌아온다. 그녀는 다른 죄인들에게 "언젠가 더 밝은 시대에, 이 세계가 거기까지 발전했을 때, 하나님이 지배하시는 시대에 남녀관계를 모두 남녀 상호간의 행복이라는 좀더 굳건한 토대 위에 확립하기 위해 새로운 진리가 계시될 것이다"라고 보증한다. 이를 통해서 호손은 이 엄격하고 즐거움이 없는 사회가 궁극적으로 자연법을 향해 더 많이 전진하여 그것을 행동의 토대로 삼게 될 것이라고 암시하고 있다.

호손은 청교도들이 지배하는 뉴잉글랜드를 소설의 배
경으로 선택하여 인간의 고통에 대한 드라마에 풍부한 토대를
마련했다. 19세기에 쓴 이 작품의 결말은 미래의 세대들은 덜
우울하고, 덜 억압적인 사회, 인간적인 동정심과 관용이 사회
의 법칙을 균형 잡아주는 세계로 향해 나아가게 될 것이라는
희망에 찬 메시지를 던져주고 있는 것 같다.

●고딕 로맨스로서의 〈주홍 글씨〉

호손은 로맨스(romance) 소설을 정의(定義)하고자 모
색한 창작의 천재로 기억되고 있다. 그는 세계문학에 4편의
주요한 로맨스 소설을 기여했다. 〈일곱 박공의 집〉, 〈블라이스
데일 로맨스〉, 〈포운신(神)의 대리석상〉, 〈주홍 글씨〉가 바로
그 네 작품이다. 그는 작품들 각각의 머리말을 통해서 로맨스
가 자신에게 무엇을 의미하는지를 정의하려고 했다. 〈주홍 글
씨〉의 머리말 격인 '세관'에서도 로맨스 소설에 대한 그의 개
념과 정의의 일부를 거론한다. 그는 달빛을 통해서 보이는 삶
이 로맨스 소설의 소재라고 설명한다. 만약 작가가 달빛이 비
치는 방에 앉아서 방바닥 위에 놓여 있는 눈에 익은 물건들을
둘러본다면, '낯설고 인연이 먼' 느낌을 받을 수 있다. 그리하
여 낯익은 것들에서 마치 마법에 걸린 것 같은 모습을 발견하
게 된다. "우리들의 눈에 익은 이 방은 어딘가의 현실세계와
몽환경(夢幻境) 사이의 중립지대가 되고 만다. 이 지대에서도

현실과 공상이 만나, 제각기 상대편의 성격을 자기 몸에 스며들게 한다." 호손은 "그러한 때에, 게다가 이러한 정경을 눈앞에 두고, 만일 사람이 혼자 의자에 앉아 이상한 것을 꿈꾸고 그것을 진실답게 보이도록 할 수 없다면, 그 사람은 로맨스 소설을 쓰려고 애쓸 필요가 없을 것이다"라고 믿는다.

결국 〈주홍 글씨〉는 한 편의 심리 로맨스이다. 호손은 작품에 나오는 등장인물들의 삶에서 죄의 영향을 연구할 것을 제안한다. 그는 자신의 시대에 훨씬 앞서서, 인간의 소외와 그것이 영혼에 미치는 영향을 파고든다. 의심과 자학은 딤스데일 목사의 성격에 심리적인 그림자를 던진다. 여주인공 헤스터 프린에게서는 억압적인 법에 직면한 반발과 도전을 볼 수 있다. 그녀는 주홍 글씨를 달고 다니도록 강요받았다. 하지만 그 글자를 정교하게 수놓아서 옷에 다는 행위로 자신에게 내려진 선고를 비웃고 있다. 인간의 타락에 대한 청교도들의 관심과 그것이 개인의 성격에 미치는 영향은 소설 전편을 통해서 뒤얽혀 있다. 한 사람이 지나친 열정과 지성을 가졌을 때, 어떤 일이 일어나는가? 그 한 개인에게서 그 두 가지의 균형이 이뤄지지 않을 때, 그 결과는 어떤 것인가? 호손은 이 로맨스의 구조 안에서 등장인물들 내부와 주위에서 일어나는 심리적인 갈등의 증거를 늘어놓는다.

호손의 〈주홍 글씨〉는 1640년대의 보스턴이라는 역사적인 배경을 가지고 있다. 하지만 이 이야기에는 사실적(事實的)이지 않은 요소들이 포함되어 있다. 보스턴의 청교도 지역사회는 실제로 존재했지만, 이 이야기에는 놀라운 상상력에 의해 윤색된 요소들도 들어 있는 것이다.

이는 호손이 자신의 환상으로 꾸며낼 수 있었던 것들에는 제한이 없다는 뜻인가? 아니다. 제한이 있다. 로맨스는 가공의 비실재적인 것, 초자연적인 것, 믿을 수 없는 요소를 포함할 수 있다. 그러나 그것은 인간이 진실이라고 생각하는 것에서 벗어나면 안 된다. 1640년대 보스턴의 배경은 이런 형태의 글쓰기를 위해서는 완벽한 선택이다. 17세기 보스턴 사람들은 악마, 마녀, 복수적이고 분노하는 하나님을 믿었다. 따라서 호손은 이러한 면으로 소설의 배경을 나타내는 데 충실했을 뿐만 아니라 상상적인 것과 터무니없는 일들에도 충분한 여지를 남겨두고 있다.

로맨스는 현실적인 배경에 관심을 둘 수도 있으나, 있음직한 일들에 대한 제한을 두지 않는다. 환상적인 요소들이 보태질 수 있는 것이다. 〈주홍 글씨〉에서 호손은 한밤중에 하늘에 나타난 주홍색의 A자, 딤스데일의 가슴에 새겨진 A자, 펄은 따라다니지만 헤스터를 피하는 햇빛, 지옥으로 떨어지는 칠링워스 등의 환상적인 요소들을 묘사하고 있다. 하지만 거기에는 묘한 균형이 이루어져야 한다.

●고딕적 요소

로맨스에 대한 호손의 정의에는 고딕적 요소가 추가된다. 고딕 소설은 초자연적인 일, 침울한 분위기, 고성(古城), 신비스러운 요소가 포함되는 것이 특징이다. 18세기 작가들은 이런 소재를 좋아하지 않았지만, 19세기의 로맨스 작가들과 그 계승자들은 좋아했다. 에드가 앨런 포, 윌리엄 포크너, 스티븐 킹은 모두 각자의 작품에 고딕적인 요소를 가미하고 있다.

전통적으로 이런 고딕적 요소에는 여러 가지가 있다. 로맨스 작가들이 이용하는 그 한 가지는 〈주홍 글씨〉의 근원이 되는 원고다. 호손은 머리말인 '세관'에서 검사관 퓨 씨가 남긴 원고와 현실과 상상이 뒤얽힌 주홍 글씨를 만들어낸다.

고딕 소설에는 흔히 고성이 등장한다. 〈주홍 글씨〉에서는 벨링엄 지사의 저택이 이러한 목적으로 쓰이고 있다. 그 저택의 벽은 이상하고 신비한 초상과 도형들로 장식되어 있으며 고성처럼 작은 탑들이 있다. 내부에는 익숙한 고딕적 요소인 갑옷들이 전시되어 있다. 이 갑옷의 가슴받이에 비쳐 아주 크게 왜곡된 주홍 글씨가 나타난다.

범죄나 불법적인 사랑도 고딕 소설에 흔히 등장하는 소재가 된다. 헤스터의 사랑은 청교도 사회에서 저질러진 범죄다.

고딕 소설에는 자주 불구자가 악인으로 등장하는데 칠링워스는 어깨가 기형이다. 끝으로 자연이 이야기의 분위기를 조성하고 몇 가지 상징을 제공하는 데 이용된다. 〈주홍 글씨〉에서도 자연이 이런 역할을 하는 경우가 많고, 어둠, 그림자, 달빛 등이 모두 고딕적 분위기를 조성하는 데 기여한다. 이 소설의 전반적인 분위기는 어둡고 침울하여 고딕적 전통에 알맞은 환경을 제공하고 있다.

호손은 〈주홍 글씨〉에서 오래된 고딕 소설적 요소들을 활용하면서 새로운 방향의 심리소설을 창출해냈다. 현대 독자들은 무시무시한 계시, 등장인물의 눈에서 나오는 불길한 붉은 빛, 인간이라기보다는 살아 있는 상징 그대로인 조숙한 아이, 인간의 마음과 양심에 깃든 어두운 구석을 발견하고 놀랄 필요가 없다. 이런 요소들은 여러 세대에 걸쳐 오랫동안 독자들의 마음을 사로잡아오고 있기 때문이다.

〈주홍 글씨〉의 구성

이 소설의 처형대 장면들은 작품의 줄거리와 주제 및 상징들이 완벽하게 균형을 이루도록 통일시키고 있다.

●첫 번째 처형대 장면

3장에 나오는 최초의 처형대 장면은 헤스터와 주홍 글

씨에 초점을 맞추고 있다. 그녀는 딸을 팔에 안고서 도전적으로 처형대 위에 서 있다. 한편 마을사람들이 그녀가 수모를 당하는 광경을 구경하고, 목사의 설교를 들으려고 모여든다. 인디언들에게 포로가 되었다가 막 돌아온 그녀의 남편 로저 칠링워스는 군중들 뒤쪽에 서서 이 광경을 지켜보고 있다.

소설의 주인공들이 모두 이곳에 있다. 시민들은 저마다의 판결을 내리려고 참여하고 있는 것이다. 헤스터의 팔에 안겨 있는 펄은 갓난아기로 그녀가 저지른 죄의 상징이다. 딤스데일은 교회와 국가를 대표하는 관리들과 함께 참관하고 있다. 그가 침묵을 지키며 보여주는 모호한 태도는 헤스터에게 아기의 아버지가 누군지 밝히라고 요구하는 장면에서 볼 수 있다. 칠링워스도 군중들과 함께 헤스터에게 공범자를 밝히라고 외친다. 이 장면에서 독자들은 헤스터의 공개적인 회개를 본다. 딤스데일은 자신의 죄를 인정하기를 주저하고, 아기의 아버지를 찾아내서 응징하려는 칠링워스의 악마 같이 무서운 계획이 시작된다. 이 간통 사건과 주홍 글씨에 대한 집중은 죄악을 주제로 한 윌슨 목사의 설교로 강화된다.

●두 번째 처형대 장면

두 번째 처형대 장면도 역시 주인공 모두와 주홍색 A자의 극적인 광경을 보여주는데, 미국 문학사에서 가장 기억될 만한 예술적인 장면이다. 딤스데일은 어둠을 틈타서 혼자 처형대 위로 올라가 침묵의 철야기도를 한다. 지금까지 독자들은 딤스데일이 자신의 죄를 다루는 의식적인 노력을 보아왔지만, 이제 그의 무의식 속으로 깊이 들어가게 된다. 그는 정신적인 고통 속에서 고뇌에 찬 비명을 외친다. 윈스럽 지사의 임종 후 그 집을 다녀가던 헤스터와 펄이 이 비명을 듣게 된다.

헤스터와 펄은 처형대로 올라가서 딤스데일과 함께한다. 7년 전 헤스터 프린이 공개적인 치욕의 시간을 보냈던 장소다. 그때와는 달리 군중은 없다. 펄은 목사에게 다음날 정오에 자기네 모녀와 함께 이 자리에 서자고 요청한다. 그는 최후의 심판의 날에 함께 서게 될 것이라고 대답한다. 목사를 비웃듯이 유성 하나가 어두운 밤하늘을 가로질러 날아가면서 처형대와 거리와 집들을 비춘다. 호손은 목사와 헤스터가 가운데 그들의 아이를 두고 서로 손잡고 있는 장면을 '마치 전기가 통하는 듯한 쇠사슬' 같다고 묘사한다. 유성의 빛은 길모퉁이에 서서 지켜보고 있는 칠링워스의 얼굴도 스쳐간다. 다음날 사람들은 전날 밤 하늘에 주홍색의 A자가 나타났다고 수군거린다.

이 장에는 많은 상징이 등장한다. 처형대와 딤스데일이 그 위에 오르는 행위, 교회와 국가와 악의 세계를 대표하는 세 사람의 잠재적인 목격자, 헤스터와 펄 모녀와 목사가 이루는 '전기가 통하는 듯한 쇠사슬', 다음날 함께 그 자리에 오르자는 펄의 요청, 하늘의 계시와도 같은 섬광, 밤하늘에 나타난 A자 따위가 모두 상징성을 띠고 있다.

●세 번째 처형대 장면

　　마지막 처형대 장면은 선거 축제 행렬에 뒤이어 벌어진다. 이 역동적인 장면에서 딤스데일은 자기 영혼을 되찾고, 펄은 인간성을 되찾으며, 칠링워스는 자신의 먹잇감을 잃게 된다. 그리고 헤스터는 새로운 삶을 찾아 딤스데일과 함께 유럽으로 도피하려는 꿈을 잃게 된다.

　　여기서 다시 주인공들이 자리를 함께하게 되는데, 이번에는 딤스데일이 자신의 주홍 글씨를 드러낸다. 선거 기념 연설은 그에게 위대한 승리를 가져다준다. 하지만 자기 죄를 고백하고 사랑하는 사람과 딸과 더불어 처형대에 올라서 마지막 참회의 행동을 보여줌으로써 구원받고, 칠링워스의 악마적인 손아귀에서 벗어나게 된다. 희생자를 잃게 된 칠링워스는 시들어 죽고 만다. 딤스데일 목사는 펄을 탄생시킨 자기 몫의 죄를 대중 앞에 고백함으로써 자신을 압도해 온 악을 극복하고 승리한다. 이 장면에서 교회와 국가, 악의 세계, 처형대, 주홍 글씨, 상징적인 입맞춤 등 등장인물들과 상징이 다시 한 번 자리를 같이한다. 물론, 죽음도 자리를 함께한다.

이 부분은 원작에 대한 이해력을 테스트하는 난입니다. 다음의 세 가지 코너를 차례로 끝내면, 〈주홍 글씨〉에 대한 포괄적이고 의미 있는 파악이 가능해질 것입니다.

A 다음 질문에 알맞은 답을 고르시오.

1. 주홍 글씨로 헤스터를 벌함으로써, 청교도 사회는 어떠하다고 볼 수 있는가?

   a. 자기들의 정의에 관해서 합리적이다.

   b. 종교적인 관용의 원칙에 따르고 있다.

   c. 자기들의 독선적인 정당성을 주장하고 있다.

2. 딤스데일의 영혼을 둘러싸고 싸우는 선과 악의 두 가지 상징적 이미지는 무엇인가?

   a. 펄과 헤스터이다.

   b. 칠링워스와 펄이다.

   c. 칠링워스와 히빈스 부인이다.

3. 시간이 지나면서 헤스터의 주홍 글씨는 어떻게 되나?

   a. 수정된다.

   b. 분명해진다.

   c. 유능을 뜻하게 된다.

4. 칠링워스는 사람의 마음을 침해하는 가장 큰 죄인이 된다. 그 이유는 무엇인가?

   a. 그는 교회가 자기에게 복수를 했다고 생각하기 때문이다.

   b. 그는 개인적인 복수의 일념에 사로잡혔기 때문이다.

   c. 그는 젊은 아내를 무시했기 때문이다.

5. 헤스터는 숲 속에서 딤스데일에게 인간은 행복해질 권리가 있고, 또
   뭐라고 말하는가?

   a. 자신이 그와 함께 나눈 사랑은 성스럽다고 말한다.

   b. 기도가 자기들의 죗값을 갚아줄 것이라고 말한다.

   c. 청교도 사회는 자기들에게 무엇을 해야 한다고 말할 권리가 없다
      고 말한다.

B 원작에서 다음 인용문을 찾아, 그 장면에 대해 설명하시오.

1. 이 한 송이 장미꽃은 이야기가 굴러가는 도중에 발견하게 될 아름다운 교훈을 상징하는 데 도움이 될 것이다. 혹은 인간의 연약함과 슬픔에 대한 이야기의 우울한 결말을 누그러뜨리는 데 도움이 되기를 바란다.

2. 그러나 저 여자와 불의의 정을 맺었던 상대가 적어도 처형대 위에서 여자와 나란히 서 있지 않다니 불쾌하군요. 하지만, 그 사내도 어차피 알게 되겠죠 — 정체가 드러날 겁니다 — 드러나고 말구요!

3. 누구나 오랫동안 자신에게는 이런 태도를 취하고 다른 사람에게는 다른 태도를 취하는 버릇에 젖다보면 나중에는 어느 태도가 진실인가 하고 어리둥절해지는 법이다.

4. 하나님께서 이 애를 저에게 주셨어요! … 얘는 저의 행복이에요! — 제 괴로움이기도 하구요!… 얘를 당신들한테 빼앗기진 않겠어요. 그럴 바에야 제가 먼저 죽어버리겠어요!

5. 우리들이 한 일은 그래도 신성한 데가 있었어요. 우리들은 그렇게 느꼈어요! 서로 그렇다고 얘기했지요! 당신은 생각이 안 나세요?

모범답안: 1. 작자가 독자에게 말하고 있다. 그는 이야기의 분위기를 조성하면서 이 이야기가 우울하고 어둡지만, 독자들에게 한 송이의 꽃처럼 긍정적인 메시지를 주었다고 설명한다. 2. 헤스터가 형벌을 받고 있는 광경을 구경하는 청교도 군중들에게 칠링워스가 말하고 있다. 그는 헤스터의 상대 남자에게 복수를 맹세한다. 이 결심이 그로 하여금 악마와 손잡게 만들고 결과적으로 파멸을 불러온다. 3. 작자가 바로 독자들에게 말하고 있다. 이 대목은 딤스데일의 딜레마 혹은 자기 죄를 대중 앞에 고백할 수 없는 문제를 둘러싼 그의 마음의 갈등을 그리고 있다. 4. 헤스터가 벨링엄 지사, 딤스데일, 칠링워스에게 하는 말. 그녀는 펄을 상징으로 삼아 그 애가 자신에게 처벌과 참회의 수단이라고 설명하고 있다. 5. 헤스터가 숲 속에서 딤스데일에게 하는 말. 그녀는 자기들의 밀회를 참회하지 않는다. 그 대신에 자기들은 서로를 아꼈고 청교도들의 법보다 더 신성하고 더 거룩한 인간적 사랑을 발견했다고 열정적으로 상기시키고 있다.

C 다음 주제에 대해 간단히 서술하시오.

1. 호손이 이 소설의 머리말로 '세관'을 포함시킨 것을 정당화하라.

2. 이야기의 분위기를 조성하기 위해서 호손이 1장의 배경을 어떻게 이용하고 있는지 서술하라.

3. 다음에 언급한 등장인물들의 기능을 논하라. 히빈스 부인, 벨링엄 지사, 윌슨 목사.

4. 주인공 가운데 한 사람의 진화하거나 고정된 성격을 설명하라.

5. 마지막 장 '결말'을 포함시킨 것을 정당화하라.

6. 청교도의 법률과 자연법이나 인간의 법 사이의 갈등을 서술하라.

7. 세 차례의 처형대 장면의 중요성을 설명하라.

8. 호손의 상징들을 이용해 그것들이 소설의 전후 관계에서 어떻게 변하는지를 설명하라.

9. 죄에 대한 반응이 주인공들의 변화와 장래에 얼마나 중요한 영향을 미치는가?

一以貫之

논술노트

인간의 문명과 운명에 아로새겨진 도덕의 꽃 ○

실전 연습문제 ○

一以貫之는 '논어'에 나오는 말로 '모든 것을 하나의 이치로 꿴다'는 뜻입니다.

논술의 주제와 문제 유형, 제시문들은 참으로 다양하고 가지각색입니다. 그러나 그 모든 것을 하나로 꿸 수 있습니다. '인간사회의 보편적 문제들에 대한 근원적인 물음에 답하는 자기 나름의 견해'라는 것이지요. 논술은 인간이면 누구나 부닥치는 개인적 또는 사회적 문제들에 대한 자기 나름의 고민이자 성찰입니다. 논술은 자기견해, 자기 가치관, 자기 삶에 대한 솔직한 고백입니다.

一以貫之 논술 연구모임은 '자신의 물음'과 '자신의 생각'을 갖고 '자신의 글'을 쓸 수 있도록 도와줍니다.

〈집필진〉
이호곤, 우한기, 김법성, 김재년, 김병학, 도승활, 박규현, 백일, 조형진, 우효기

인간의 문명과 운명에 아로새겨진 도덕의 꽃

들어가며

〈주홍 글씨〉는 흔히들 상징적 윤리소설의 전범이라고 한다. 소설은 독자로 하여금 시종일관 인간의 죄와 그에 대한 사회의 심판이 인간의 의식과 삶에 끼치는 영향을 주목하게 만든다. 또한 작가는 소설 속의 인물들과 사건의 성격, 작가의 의도 등을 읽어낼 수 있도록 비교적 친절하게 자신의 의도를 보여준다. 그러나 작가 '호손'의 문제의식과 이 소설의 묘미를 제대로 맛보려면 적어도 두 번은 읽는 것이 좋다. 한 번은 주인공들의 내면적 갈등과 심리에 초점을 두고 읽자. 각 인물의 타고난 인간성과 죄의식으로 인해 빚어지는 다양한 내면적 갈등이 너무나 잘 묘사되어 있어 — 이 부분은 이 책의 앞부분에도 잘 정리되어 있다 — 인간과 우리 자신에 대해 성찰할 수 있다. 다른 한 번은 그 시대의 인간들은 왜 그렇게 살았고, 지금 우리는 그네들과 얼마나 다르게 살고 있는지를 물어보며 읽자. 그럴 경우, 소설의 배경이 된 시대와 시대정신에 대한 작가의 날카로운 문제의식에 주목하여, 우리 시대를 성찰하는 거울로 읽을 수 있다. 이때, 이 '고전'은 새로운 의미로 우리에게 다가온다.

문명의 죄를 치유하는 자연

소설은 '문명이 낳은 검은 꽃인 감옥'과 그 주변의 황량한 풍경을 묘사하면서 시작한다. 그리고 그 감옥 주위에 피어난 한 무더기의 장미꽃 덤불을 대비시키면서 첫 장이 끝난다. 감옥은 인간적인 미덕과 행복이 넘치는 문명사회를 건설하고 싶어서 신천지를 개척하러 나선 사람들이 묘지와 함께 제일 먼저 만드는 것으로 묘사된다. 장미꽃 덤불은 문명의 오점으로 여겨지는 죄수들을 위로하고 '대자연의 깊은 마음이 인간에게 동정과 친절을 베풀 수도 있다'는 징표로, 그리고 소설 속에 나타날 '아름다운 도덕의 꽃을 상징'하는 것으로, 더불어 '인간의 연약함과 슬픔으로 엮은 이 이야기의 어두운 결말에 위로가 되기'를 바라는 작가의 마음을 나타내는 것으로 설명되고 있다.

이를 통해 우리는 이 소설에서 작가가 주로 말하고자 하는 바를 짐작할 수 있다. 인위적인 인간의 제도와 문명이 자연스러운 인간의 감정과 이성, 열정과 본능을 어떻게 억압하고 있는가를 말하려는 것이 이 소설의 문제의식이다. 그리고 인간의 자연스러운 본성에 어울리는, 또는 그에 대해 관대한 제도와 관습, 문화가 지배하는 사회를 작가는 바라고 있다. 문명과 자연에 대한 작가의 이러한 대비는 인간성의 아름다움에 대한 작가의 긍정적이고 따뜻한 시각 때문이다. 주인공들 모두가 결국에는 자신이 가진 인간성을 되찾거나 발휘하는 것으로 소설의 말미가 끝나는 것도 이 때문이다. 또한 헤스터가 감옥을 나와 정착하는 곳이 도시와 황무지의 경계라는 점과 죄에 대한 사회적 굴레를 벗어나 본래 모습으로 돌아가는 장소가 '숲'인 것 등도 작가의 이러한 시각과 무관하지 않다.

호손의 이런 시각은 루소의 자연주의적 사상과 미국의 초월주의 작가인 에머슨이나 소로의 사상과 일맥상통한다. 그들은 공통적으로 인간을 규율하는 바람직한 도덕의 원리로서, 타율적인 인간제도, 특히 완고하고 엄격한 법 제도와 종교규범 등과 같은 강압적인 외적 규범보다 자연스럽게 움직이는, 인간 스스로의 내적인 리듬과 양심의 자율성을 더 신뢰했다. 그리고 문명보다 자연이 이러한 인간의 심성에 훨씬 더 잘 공감하고 어울린다고 생각했다. 이들이 던진 의문, 즉 우리가 가진 문명과 제도 또는 관습과 도덕이 인간성과 얼마나 자연스럽게 어울리는 것인지는 오늘날에도 여전히 가장 중요하고 심각한 물음 중 하나다.

치욕의 표가 사라지자, 헤스터는 긴 한숨을 쉬고, 그 한숨과 더불어 수치와 고통의 멍에가 그녀의 마음에서 사라졌다. 오, 후련한 해방감이여, 그녀는 자유를 알고 비로소 그 멍에의 무게를 깨달았다. 언뜻 생각이 나서 그녀는 머리를 덮었던 모자를 벗었다. 그 순간에 검고 풍요한 머리채가 어깨 위로 늘어지고, 그 풍요함에 깃든 명암은 그녀의 용모에 부드러운 매력을 더해 주었다. 여자의 마음속에서 흘러나오는 듯한 부드럽고 빛나는 미소가 입가에서도 눈동자에서도 방긋거렸다. 오랫동안 창백했던 그녀의 뺨은 붉게 홍조를 띄었다. 그녀의 여성다운 본질, 젊음과 풍요한 아름다움이 인간의 힘으로는 돌이킬 수 없는 과거로부터 되살아나서 마술과도 같은 시간의 회전 속에서 그녀의 처녀 시절의 희망과 전에 몰랐던 행복과 더불어 한데 얽혔다. 그리고 천지의 우울함은 오로지 이 두 사람의 마음속에서 비롯했던 것처럼 사라지고, 슬픔도 또한 그랬다. 별안간 하늘이 미소라도 짓듯이 환해진 햇빛이 어두운 숲 속으로 광선을 퍼붓는다. 그러면 파란 잎마디가 기뻐하고, 노란 낙엽은 황금빛으로 변하고, 엄숙한 잿빛 나무들도 광채를 발한다. 지금까지 그늘졌던 물체들이 이제는 광명을 나타낸다. 명랑한 빛에 반사되는 냇물의 줄기를 따라 신비스러운 숲의 가슴속 깊이 들어가면 숲의 신비는 환희의 신비로 변한다.

사실 인간의 문명, 아니 인간의 운명 그 자체가 죄다. 인간은 타인에게 죄인이요 동시에 자연에게 죄인이다. 인간의 문명, 아니 인간 그 자신은 생명의 지속을 위해 다른 인간의 노고와 자연의 산물이 필요하다. 인간의 문명은 자연과 타인의 손에서 무엇인가를 빼앗으면서 탄생하였고, 이제는 그것을 멈출 수 없다. 아니, 문명이 아니라 야만의 시대가 다시 온다고 해도 인간은 살아가면서 타인과 자연의 수많은 숨결과 생명을 필요로 한다. 인간의 생명 활동 그 자체가 인간을 죄인으로 만든다. 또한 인간은 욕망의 죄인이요, 동시에 금기의 죄인이다. 인간은 욕망과 금기로 인간이 된다. 인간은 자신이 더불어 살아야 할 자연이나 타인과 관계 맺는 그 순간, 자신의 욕망을 위해 무엇을 하거나 하지 말아야 한다. 인간은 욕망 없이, 욕망은 선택과 배제, 허용과 금지 없이 존재하지 못한다. 자연적 본능과 충동뿐만이 아니라 인간의 인문적 활동 그 자체가 인간을 죄인으로 만든다.

이처럼 죄지음으로 살 수밖에 없는 인간에게 고고하고 순결한 영혼을 잣대로 심판하는 것이 무슨 의미가 있을까? 인간에게 영혼과 육체의 죄를 씻고 구원을 받으라는 요구가 정당한 것일까? 아니다. 적어도 그것이 의미 있는 도덕적 요구가 되려면 재해석되어야 한다. 분명한 것은 적어도 한 개인에게 인간의 문명과 운명이 낳은 모든 죄의 책임을 물을 수는 없다는 것이다. 오히려 책임을 나누고 죄를 용서하고 자연 상태로 다시 돌려보내는 것이 필요하다. 종교든 국가든 또는 사회적 관습이든 감옥과 형벌, 또는 사회적 낙인이라는 인간의 제도로 죄는 치유되지 않는다. 작가 호손은 인간의 죄는 자연과 인간의 본성이 치유할 것이니 인간은 인간의 죄를 용서하라고 한다.

여기서 문득 이런 물음이 생긴다. 그럼 인간이 문명으로 인해 억눌린 것이 과연 자신의 인간성일까, 아니면 자신의 자연성일까? 아마 양자 모두일 것이다. 인간의 인간적 특성과 인간의 자연적 본성 모두가 인간의 운명, 또는 인간 그 자체다. 호손이 〈주홍 글씨〉에서 "인간의 죄에 대한 억압은 인간성에 대한 억압이다"고 말할 때 그 인간성은 주로 인간의 자연적 본성을 말한다. 그렇지만 그는 인간만이 발달시켜온 소중한 인간적 가치와 미덕 등 인간의 인문적 성격 역시 인간의 자연적 본성으로 보고 부정하지 않는다. 헤스터는 열정과 용기, 강직한 성격을, 그리고 딤스데일은 섬세한 감성과 심약하고 예민한 성격을 타고났다. 자유와 모험을 즐기는 헤스터와 순응과 안정을 바라는 딤스데일의 성향 역시 이들에게는 타고난 인간적 본성일 것이다. 그들은 자신의 타고난 것에 진솔하게 직면하며 살아간다. 그래서 자신들의 욕정으로 인한 죄를 각기 다른 방식으로 넘어서는 모습을 보여준다. 어쨌든 인간은 자연과 문명이 낳은 두 요소의 갈등과 모순을 자기 안에 타고나며 그것을 안고 살아간다. 호손이 헤스터가 살았던 시대에 대해 바랐던 것처럼 우리 시대의 도덕적 기준 역시 이런 인간의 슬픈 운명을 긍정하고 사랑하는 것에서 멀어지지 않았으면 한다.

심판받은 자의 거듭남

도덕이나 윤리는 왜 필요한가? 하나는 인간들 사이의 평화로운 유대 관계를 원하기 때문이고, 다른 하나는 자신의 인간다움을 더욱 높은 수준으로 이끌어 올리고 싶은 욕망 때문이다. 이러한 도덕적 열망은 인간의 역사적 · 사회적 조건 그 자체로부터 나오는 자연스러운 인간적 요구다. 그러나 이와는 달리 '사회'는 다른 의미에서 윤리와 도덕이 필요하다. 사회는 윤리나 도덕규범을 통해 현존하는 질서나 기존의 사회적 권위에 대해 복종하도록 대중을 길들인다. 소설의 두 번째 장에서 작가는 처형대에서 공개적으로 헤스터를 처벌하는 이유를 '대중의 기율을 잡기 위해 종교와 법률의 준엄한 권위 앞에 두려워 머리 숙이게 하려는 것'이라고 말한다. 심판하는 자들은 대부분 기존질서의 유지를 원하는 사회적 강자들이다. 그들은 '사회'나 '다수 인류의 이름'으로 개인이나 소수 집단, 다수의 사회적 약자들을 심판하지만 그것은 인간성을 드높이기보다는 자신들의 권위를 드높이기 위한 것이다.

● 심판하는 자와 심판받는 자

예수와 소크라테스, 그리고 〈주홍 글씨〉의 헤스터는 모두 심판받는 자들이다. 그러나 예수와 소크라테스는 로마의 이스라엘 총독 '본디오 빌라도'의 법정과 아테네의 시민법정에서 십자가형과 독배형을 각각 선고받고도 인류 속에 영원히 부활하여 심판을 내린 자들에게 승리했다. 헤스터 역시 작가에 의해 자신을 심판한, '관용과 인간성을 결여한 도덕주의, 강철같은 시대의 엄숙한 종교 윤리'에 대해 승리하게 된다. 어디 이들만 그러했겠는가? 역사 속의 성현이나 위인들은 물론이고 다수의 이름 없는 선량한 사람들이 현실의 권력과 권위에 의해 심판받았다. 그리고 그들은 시인과 예술가, 역사가, 사상가와 철학자, 그리고 대중에 의해 부활되어 역사 속에서 진정한 승리자로 살아남았다. 궁극적으로는 심판을 내린 자들이 더 큰 죄인이 되고 심판을 당한다. 아마 심판하는 자들이 문필가를 두려워하는 이유가 바로 이 때문일 것이다.

죄의 책임을 묻는 자들에게 인간의 죄란 타락한 영혼의 징표이자 사회에서 추방해야 할 절대악이다. 그들에게 중요한 것은 규범이고 의식이고 제도다. 이 소설 속에서 죄에 대해 책임을 묻는 자들은 사회적으로 더욱 높은 지위와 책임을 맡은 자들이다. 엄격한 법 집행의 책임을 맡은 행정가들과 개인들의 영혼을 책임진 성직자들, 그리고 개인적으로 복수에 나선 칠링워스가 바로 그들이다. 그들은 사회를 떠들썩하게 만든 '사건'을 통해 어떠한 인간적 성숙과 성찰의 기회도 갖지 못한다. 문화와 문명에 더욱 가까운 정치가, 성직자, 의사 등은 자신들이 가진 윤리적 규범의식에 갇혀 자신들의 인간성을 더욱 높은 단계로 끌어올리지 못한다. 이것이 바로 심판하는 자들이 인간성의 패배자, 역사의 패배자로 남는 이유다.

사회 지도층이나 현명하고 학식이 높은 사람들은 헤스터의 착한 영향력에 대한 인정을 대중보다 더디게 했다. 그들의 편견도 대중의 편견과 같은 것이었으나 그들의 편견은 강철 같은 이성의 테두리에 꼭 물린 채 풀리지 않았다. 그러나 그들의 찌푸리고 질긴 마음의 주름살도 세월이 흐름에 따라 서서히 펴지고 부드러워져서 인자한 마음의 표정으로 변할 것이었다. 지위가 높아서 사회의 도덕을 수호해야 하는 고관대작들도 역시 마찬가지였다. 그러는 동안에 개인들은 헤스터가 마음이 약했던 탓이라고 용서해 주었다. 오히려 그들은 헤스터가 달고 다니는 주홍 글씨를 그녀가 한 번 저지른 죄의 표시가 아니라 그녀가 행한 많은 선행의 표시라고 보기 시작했다.

그러나 죄를 책임지려는 자들에게 인간의 죄란 연약하지만 풍부한 인간성을 지닌 인간들이 운명적으로 만나는 슬픔이다. 그들은 헤스터나 딤스데일과 같이 내면의 목소리인 양심이나 자신의 이성에 충실하려고 노력한다. 동시에 자신이 가진 자연스러운 감정과 열정, 거칠지만 자연과 어울리는 정직한 본성에도 충실하려고 한다. 그리고 이 양자가 갈등할 경우 '인간적' 고뇌에 빠지는 것이 인간의 슬픈 운명임을 이해한다.

"나 같은 사람이 나 같은 인생을 추구하는 것밖에 또 무엇이 있겠소? 내가 무신론자라면, 양심이 없는 자라면, 거칠고 짐승 같은 본능밖에 없는 놈이라면, 벌써 오래 전에 마음이 편해졌을 테지만, 그러나 지금 내 영혼이 처해 있는 형편을 말하자면, 본래 나에게 있던 모든 훌륭한 능력과 하늘이 내려주신 누구보다도 우수한 재주가 모두 나의 영혼을 괴롭히는 사자(使者)들로 변했소. 헤스터 나는 불쌍한 사람이 되었소!"

　　인간이 신처럼 완전한 순백의 영혼만 가질 수 없기에 윤동주 시인은 '죽는 날까지 하늘을 우러러 한 점 부끄럼이 없기를' 갈망하고 '잎새에 이는 바람에도 괴로워했던' 것이 아니겠는가? 그래서 죄를 책임지려는 자들은 이 시인처럼 자신의 부끄러움을 알고 인간의 죄에 대해 연민과 동정을 느낀다. 그리고 그것이 자신이나 타인의 아픔을 이해하는 밑거름이 된다. 그들에게 중요한 것은 인간이고 삶이다. 그래서 그들은 시인처럼 순수에의 지향에도 불구하고 '별을 노래하는 마음으로 모든 죽어가는 것을 사랑하고 자신에게 주어진 길을 가는' 것이다. 이 때문에 죄를 책임지려는 자들은 더욱 성숙한 인간으로 거듭난다. 이렇게 해서 심판받는 자는 부활하여 인간성과 역사의 승리자가 된다.

● 심판받는 자의 부활을 위한 소설 〈주홍 글씨〉

　　인간의 운명이 이러하기에 선악의 문제, 죄와 벌의 문제, 윤리와 도덕의 문제는 자신을 돌아보며 바람직한 방향으로 한 걸음을 내딛기 위해 노력하는 모든 사람들의 중요한 과제였나. 니체는 서양의 전통적인 형이상학적 도덕관념과 맞서 싸우는 데 일생을 바쳤다. 그는 도덕규범을 초월적 신의 영역에 두고 무슨 절대불변의 법칙처럼 받들어 인간관계와 인간성, 인간의 삶을 파괴하는 억압의 도구로 사용하는 것에 몹시도 분개했다. 카뮈 역시 〈이방인〉에서 '뫼르소'를 통해 사법제도가 사회의 관습과 불화하는 사람을 얼마나 폭력적으로 심판하는지를 잘 보여준다. 뫼르소는 자기가 느낀 것 이상으로 말하지 않고 행동하지 않으려는 바로 그 '진실함'으로 인해 '죄'를 얻는다. 예심판사와 검사, 변호사는 물론이고 감방을 찾아온 사제까지 심판받는 한 인간 뫼르소와 진정으로 소통하지 않는다. 심판받는 뫼르소가 오히려 더욱 열린 마음을 가진 인간으로 나아간다. 어머니가 죽음을 앞둔 노령에 사랑을 다시 해볼 용기를 가졌던 것을 이해하고 '세계의 정다운 무관심'에 마음을 여는 것은 그가 재판과정과 감옥에서, 즉 '죄'의 한가운데서 다시 태어난 것임을 말한다. 그래서 카뮈는 '뫼르소'를 '우리의 분수에 맞을 수 있는 단 하나의 그리스도'라고 한 듯하다.

마찬가지로 〈주홍 글씨〉에서 호손은 헤스터와 딤스데일을 '죄'의 한가운데서 다시 태어나게 한다. 칠링워스의 손에서 벗어나 자기 가슴의 '주홍 글씨'를 드러내고 마지막 고백을 하는 딤스데일은 스스로 말했듯이 '승리한 사람으로 죽을 수 있게' 되었다. 또한 결론에서 헤스터 역시 '죄와 슬픔이 있는 곳'으로 돌아와 자신의 자유의지로 죄의 상징인 '주홍 글씨'를 다시 가슴에 달고 그녀 자신과 주홍 글씨를 함께 부활시킨다.

그러나 헤스터 프린에게는 펄이 가정을 이루고 있는 미지의 땅에서보다도 이 뉴잉글랜드에 보다 더 진정한 생활이 있었다. 이곳에는 그녀의 죄와 슬픔이 있었고, 아직도 그녀가 바쳐야 할 참회도 남아 있었다. 그러므로 헤스터는 그 완고한 시대의 가장 엄격한 관리들이 명해서가 아니라 자신의 자유의지로 이 땅에 되돌아와서 지금까지 우리가 말해 온 이 암담한 이야기의 상징을 다시 가슴에 단 것이다. 그 이후로 그것은 다시는 그녀의 가슴에서 떠나는 일이 없었다. 그러나 고되고, 사려 깊은, 그리고 헌신적인 헤스터의 일생이 흐르는 동안 주홍 글씨는 세상 사람들의 모욕과 비난을 자아내는 낙인이 아니라, 함께 슬퍼하고 위안을 주는 그 어떤 상징, 또한 두려움과 존경 섞인 눈으로 쳐다보는 상징이 되었다.

기존 도덕의 위선에 맞서기

진실된 사랑과 인간성에 충실한 사람들을 희생양으로 하는 기존 도덕의 위선은 어디에서 오는 것인가? 〈주홍 글씨〉의 배경은 도덕의 기원과 기준을 초월적 신의 영역으로부터 가져오는 종교가 공동체의 규범을 지배하던 시대다. 영혼과 육체의 순결성을 지닌 인간이 악마의 유혹을 받아 자신의 욕망을 제어하지 못하여 죄를 짓고 타락한 영혼과 더럽혀진 육체를 가지게 되었다는 선악 관념이 사람들을 지배했다. '죄'는 '인간'의 몸과 영혼에 신적 이미지가 온전히 회복될 수 있도록 하기 위해 제거되어야 할 대상이며, 극단적인 경우엔 '악마'로 형상화된다. 그들의 죄에 대한 이러한 관념은 인간이 가진 열정, 연약함과 슬픔, 그리고 그 풍부한 감정을 이해하기 어렵게 했다. 그들은 죄 속에서 인간성을 보지 못하고 악 속에 있는 선을 보지 못했다. 그래서 그들의 선은 거짓선, 즉 악이 되었다.

"그 하고많은 해 동안 그녀는 자신의 개성은 버리고 목사나 도덕가가 지적하는 대로 여자의 연약함과 사악한 정욕을 상징하는 표본이 될 것이었다."

신에 근거한 종교의 엄격한 율법과 절대적 도덕규범이 인간성을 가장 크게 억압하던 시대가 지나갔지만 현대 사회에 와서도 그러한 선악관이 완전히 사라진 것은 아니다. 상대를 절대악으로 몰고 인간의 대지 위에서 청소해야 할 대상으로 보는 전쟁이 오늘날에도 끊이지 않고 있다. 전쟁에는 언제나 이러한 절대적 도덕규범이 작동한다. 테러와의 전쟁을 명분으로 오늘날 미국 사회를 지배하는 애국주의와 기독교 근본주의의 도덕관을 호손이 본다면 통탄할 것이다. 그러므로 어떤 사회적 갈등이든 그것을 적대적인 것으로 몰고 가는 자들이야말로 모든 근본주의적 도덕규범이 작동할 조건을 만드는 가장 커다란 위선자들이다.

또한 현대 사회는 자본의 시대다. 종교의 시대에는 우리의 영혼을 책임지는 성직자의 의식이, 자본의 시대에는 우리의 물욕을 책임지는 자본가의 의식이 도덕관념을 가장 크게 규정한다. 전자의 신에 대한 무조건적인 복종의 도덕이건 후자의 경제적 효율성에 대한 무조건적인 복종의 도덕이건 기존 도덕규범에 대한 맹신은 도덕관념에 대한 인간의 노예화라는 점에서 일치한다. 국익과 경제성장이라는 거짓선이 행하는 악을 우리는 오늘날 곧잘 목격한다. 그럼에도 이 위선은 거의 대다수 국민들에게 악으로 인식되지 않는다. 신에 대한 경건한 존경심으로 가득 찬 사람들이 '죄'를 지은 '인간'에 대해 악을 저지르는 종교의 위선을 알기는 쉽지 않다. 마찬가지로 시장경제의 원리를 당연하게 여기는 사람들이 사람을 사람으로 보지 않고 타인의 노동을 전취하는 자본의 위선을 알기는 쉽지 않다.

이처럼 자신이 살아가는 시대의 위선을 알고 맞서기는 어렵다. 자신과 자신의 시대를 알려면 깊은 성찰을 통해 자신과 자신의 시대가 무엇을 모르고 있는지를 알아야 한다. 그리고 그 모름에 대한 성찰로 자신과 자신의 시대를 넘어서야 한다. 그 넘어섬으로 인해 그는 자기 시대의 위선에 의해 죄인이 된다. 그럼에도 불구하고, 지금보다는 조금 더 사람답게 살아보려는 사람들에게는 자기 시대의 위선과의 싸움이 도덕적 의무다. 소설 속에서 우리는 작가 호손이 청교도가 악으로 규정하고 두려워하던 것들, 즉 숲, 인디언들, 마법, 밤 등의 세계를 두려워하고 있지 않으며 또한 악으로 여기고 있지도 않고 있음을 알 수 있다. 호손은 〈주홍 글씨〉를 통해 자기 시대의 도덕관념, 즉 선을 가장한 악과 싸움을 하고 있는 것이다. 이런 의미에서 볼 때, 헤스터와 딤스데일의 가슴과 묘비에 아로새겨진 '주홍 글씨'는 인간의 문명이 가진 위선적 도덕이 낳은 죄

의 상징인 동시에 그것을 넘어서기 위해 노력하는 인간의 선
의지를 상징하는 도덕의 꽃이다.

나가며

우리들 대다수는 타락과 죄악의 오염에 자기 삶을 내어놓
는 경험을 피하지 못한다. 인간의 연약함과 슬픔, 또는 그 불
안과 갈등은 신에 대한 의무감이나 신의 명령인 종교적 윤리
에 의해서도 결코 사라지지 않을 인간의 운명이다. 당연히 사
회적 도덕관념에 의해서도 인간의 죄와 인간성은 완전히 억압
될 수 없다. 연약하고 슬픈 존재로 알게 모르게 죄를 짓고 사
는 것이 인간의 운명이다. 그러나 인간은 자신의 이러한 한계
를 알고 그 운명에 대해 부끄러움과 애정을 함께 가진 강인하
고 고귀한 존재이기도 하다.

악행과 선행, 또는 나쁜 마음과 선량한 마음은 모두 인간
이 자신의 삶을 좀더 바람직하게 살아보려는 욕망으로부터 나
온 것이란 점에서는 같다. 그러나 어떤 것이 바람직하고 바람
직하지 않은가는 이미 존재하는 사회의 도덕관념에 의해 거의
무의식적으로 자신에게 내면화된다. 이렇게 자신도 모르게 내
면화되거나 외적으로 주어진 기존의 도덕규범으로 인해 자신
에 대한 솔직함과 인간성에 대한 성찰을 잃는다면 이는 불행
한 삶이다. 그러므로 기존의 도덕과 자신에 대한 성찰이 필요
하다. 생을 통해 걸어가야 할 삶의 길, 자신의 인간다움을 향

한 길에서 만나는 욕망, 양심, 도덕, 사회적 관습 등이라는 잣대는 그 어느 것 하나 고정된 가치와 의미를 지니거나 절대적인 선악의 기준이 될 수 없다. 자연과 자연스러움도 예외는 아니다.

자기 스스로를 기만하고 타인을 속이는, 진실 없는 비참한 인생을 사느니 차라리 사회와 시대의 죄인으로 살고자 하는 용기 있는 사람이 많을수록 세상은 더욱 아름다울 것이다. 두려워하지 말고 네 생각과 느낌대로 진솔하게 살아라. 두려워도 해보는 것, 그것이 용기라고 한다. 설혹 실수하고 죄를 지어도 용서하고 포용하라. 〈주홍 글씨〉의 주인공인 헤스터와 딤스데일을 통해 작가 호손이 말하고 싶었던 것은 결국 이것이 아니었을까?

다음 제시문을 읽고 물음에 답하시오.

(가)

신이 만물을 창조할 때에는 모든 것이 선하지만, 인간의 손에 건네지면 모든 것이 타락한다. 인간은 특정의 토지에다가 다른 땅에서 나오는 작물이 나오도록 강요하고, 특정의 나무에다가 전혀 다른 열매를 맺게 하려고 억지를 쓴다. 그리고 때와 장소와 자연조건을 뒤죽박죽 혼동시킨다. 인간은 자기의 개와 말, 자기의 노예를 불구로 만든다. 인간은 모든 것을 파괴하고, 일그러뜨리며, 흉한 것과 기괴한 것을 좋아한다. 인간은 어떤 것도 자연이 만들어놓은 상태 그대로 보유하지 않으려 한다. 인간 자신에 대해서조차 그렇다. 그리하여 마치 승마용 말이 자신의 발걸음을 익히듯 인간은 자신의 보조를 다시 배워야 하며 마치 정원의 나무가 그 주인의 취향에 따라 다듬어지듯 인간은 자기의 모습을 새롭게 꾸며야 한다.

그러나 그렇게라도 교육하지 않는다면 사태는 더욱 악화될 것이다. 인간은 어중간하게 만들어질 수는 없다. 현재의 상황 하에서는 태어날 때부터 혼자 내팽개쳐진 사람은 그렇지 않은 사람보다도 괴물 같은 존재에 더 가깝게 될 것이다. 편견, 권위, 필연, 선례, 그 밖의 우리들을 둘러싼 일체의 사회적 여건은 인간의 내면에 있는 본성을 질식시키고 그 자리에 아무것도 두지 않는다. 본성은 대로(大路) 가운데 우연히 떨어진 묘목처럼 통행인들에게 이리 채이고 저리 채여서 이내 짓밟혀 죽어버릴 것이다.

— 루소 〈에밀〉

(나)

그러나 본래 용기와 활동력을 타고났고 오랫동안 사회에서 소외당했을 뿐만 아니라 권리마저 박탈당한 헤스터 프린에게는 목사에겐 전혀 생소한 그런 생각이 실은 흔히 해보던 생각이었다. 그녀는 무슨 규칙도 안내도 없이 도덕의 황야를 방황했다. 그 도덕의 황야는 지금 그들이 앉아서 운명을 결정할 대화를 하고 있는 어두운 원시림처럼 넓고 복잡하고 그늘이 많았다 그녀의 지성과 마음의 집은, 말하자면, 황무지에 있었고, 거기를 그녀는 인디언들이 숲 속을 싸다니듯이 싸다녔나. 지나간 여러 해 동안 그녀는 이렇게 문명과 거리를 두고 인간 사회의 목사와 입법가들이 만들어놓은 사회의 제도를 관찰했다. 그리고 목사의 허리띠나, 법관의 옷이나, 처형대나, 단두대나, 난롯가나, 교회에 대하여 인디언들이 별로 경의를 표하지 않듯이 그녀도 별로 경의를 표하지 않고 사회 제도 전반을 비판했다. 헤스터의 숙명과 운명이 가는 방향은 그녀를 자유롭게 하는 것이었다. 주홍 글씨는 그녀에게는 다른 여인들이 감히 두려워 발을 들이지 못하는 지역으로 들어가는 통행증이었다. 부끄러움과 실망과, 외로움, 이 세 가지는 엄하면서도 거친 그녀의 선생들이었다. 그것들이 그녀를 강하게도 만들고 많은 것을 잘못 가르치기도 했다.

(다)

　한편 목사는 사회가 일반적으로 인정하는 법률의 한계를 계획적으로 벗어나보려는 경험은 해본 일이 없었다. 하기야 법률 중에서도 가장 신성한 법률을 어겨버린 일이 한 번 있기는 하지만 그것은 정욕이 저지른 소행이지, 원리나 목적이 범한 죄는 아니었다. 이 기막힌 일이 있은 후로는 병적일 정도로 골똘하고 상세하게 자신의 행동뿐 아니라 감정의 숨결과 결과를 낱낱이 지켜보았다.(행동이나 지켜보는 일이라면 차라리 쉬웠으리라.) 당시의 성직자들이 그랬듯이 사회 구조의 정상에 위치한 그는 사회의 규칙과 원칙과 편견으로 말미암아 더욱 속박될 따름이었다. 교단이라는 테두리가 그를 꼼짝 못하게 가두어버렸다. 일단 죄를 지었지만 자신의 아물지 않은 상처에 의해 양심은 줄곧 살아 있으면서 고통스러울 정도로 민감한 상태를 유지한 사람이었기에, 목사는 죄를 전혀 안 지은 것보다는 미덕의 한계 안에서 차라리 더 안전했을는지도 모른다.

〈문제 1〉 문명과 자연에 대한 제시문 (가), (나), (다)의 공통 견해를 정리
하시오.

〈문제 2〉 제시문 (나)의 밑줄 친 부분의 의미를 설명하시오.

〈문제 3〉 제시문(나)와 (다)에 나타난 헤스터와 목사의 도덕관념을 비교하
고 이에 대한 자신의 견해를 쓰시오.

(라)

군중과 좀 떨어진 곳에 한 떼의 인디언들이 서 있었는데
그 엄숙하고 굳은 표정은 청교도들도 흉내 낼 수 없을 정도의
것이었다. 이처럼 물감을 더덕더덕 칠한 야만인의 모습은 세
련되지는 못하였을망정 이 광장 안에서 가장 거칠어 보인다고
는 할 수 없었다. 가장 난폭해 보이는 모습은 총독 취임의 축
제를 구경하기 위해 상륙한, 카리브 해에서 온 한 무리의 선원
들이었다. 얼굴은 까맣게 타고, 수염이 터부룩한 거칠게 보이
는 나폭자인 이들은 짧은 나팔바지의 허리를 혁대로 졸라맸
는데, 세공을 하지 않은 금장식을 단 이도 있고, 장검이나 단
검을 매달고 있기도 했다. 야자나무 잎으로 만든 챙 넓은 모
자 밑으로는 기분 좋게 장난치고 있을 때도 짐승처럼 사나운
눈이 번쩍이고 있었다. 그들은 모든 사람을 묶어놓고 있는 행
동의 규범을 아무런 불안이나 걱정도 없이 마구 짓밟고 있었
다. 관리들의 코앞에서 담배를 뻑뻑 피웠다. 이곳 주민들이 그

런 짓을 했다면 한 모금에 1실링의 벌금을 치르게 되었을 것이다. 또 그들은 호주머니에서 술병을 꺼내 포도주나 화주를 병째 들이켜고는 놀라서 바라보는 군중들에게도 호기롭게 병을 내밀어 권했다. 선원들이 육지에서 이처럼 무법자와 같이 행동하는 것뿐 아니라, 그들의 고유한 활동 영역이라 할 수 있는 해상에서 저지르는 훨씬 극단적인 행위에 관해서도 자유가 허용되어 있었다는 사실은 당시의 도덕이 아무리 엄격했다고는 하나 역시 불완전했다는 점을 말해 준다. 그 무렵의 뱃사람들은 오늘날의 기준으로 보자면 해적으로 처벌받을 존재였다. 이를테면 지금 화제로 삼고 있는 선원들도 당시의 뱃사람치고는 그다지 흉악한 표본이라고 할 수는 없지만, 그들이 스페인의 무역선을 약탈한 죄를 범했으니만큼 현대 법정에 나간다면 전원이 다 목이 달아났을 것이다.

그러나 아득한 옛날 그 무렵의 바다는 제 마음대로 출렁거리며 파도치고 거품을 일게 했으며, 미쳐 날뛰는 폭풍에 지배될 뿐이었으므로 인간의 법률에 의해 규제될 생각은 조금도 없었다. 파도와 더불어 사는 바다의 무법자들도 직업을 버리고 일단 결심만 하면 당장에라도 육지로 올라와 성실하고 믿음 있는 인간이 될 수 있었다. 또한 일생 동안 무모한 생활을 계속하고 있어도 그들과 거래를 하거나 간간이 교제하는 일도 그다지 불명예스러운 것으로 간주되지는 않았다. 따라서 검은 망토에 풀을 먹인 칼라, 거기다 끝이 뾰족한 모자를 쓴 청교도의 장로들도 선원들의 떠들어대는 무례한 꼴을 보아도 그저 너그럽게 웃어넘기는 것이었다. 또한 의사인 로저 칠링워스 노인과 같은 점잖은 시민이 수상한 선장과 함께 다정하게 속삭이며 광장으로 들어오는 모습을 보았다 하더라도 특별히 놀라거나 비난을 하는 일은 없었다.

(마)

그럼에도 불구하고 이 친위대 바로 뒤에 따라온 상급 문관들 쪽이 지각 있는 사람들에게는 훨씬 더 가치가 있는 것처럼 보였다. 외모에 나타난 위엄 있는 태도만 보더라도 군인들의 거만한 걸음걸이는 우습기 짝이 없다고 할 것까지는 없어도 좀 저속하게 보였다. 이 당시에는 이른바 재능이라는 것이 현재만큼 중요시되지 않았고, 인간에게 착실하고 위엄 있는 성격을 갖추게 하는 육중한 요소들이 훨씬 중요시되던 시대였다. 당시의 사람들은 선조들로부터 존경심이란 유산을 물려받았으나 자손들에게 이르러서는 그 정도가 훨씬 미약해졌고, 공직자를 선출하고 평가하는 데는 그 힘은 뚜렷하게 약해졌다. 이런 변화는 좋지 않으면 나쁠 것이지만, 부분적으로는 좋은 동시에 나쁠 수도 있을 것이다. 당시 이 황량한 해안지대에 이주해 온 영국인들은 노인의 백발이나 위엄 있는 이마, 오랜 시련을 겪은 고결함, 견실한 지식이나 충실한 경험, 언제나 변함없는 느낌을 주며 일반적으로 관록이란 정의에 속하는 무게 있고 침착한 성질에 대해서 존경심을 아끼지 않았다. 따라서 초기 정치가들인 브래드스트릿, 엔디콧, 더들리, 벨링햄 등은 대중에게 선출되어 권좌에 올랐으나 반드시 재능 있는 사람이었다고는 할 수 없으며, 뛰어난 두뇌와 지성에 의해서보다는 근엄하고 중후한 인품에 의해 돋보였었다.

용기와 독립의 정신을 지닌 그들은 곤란한 위기에 처하면, 노도를 막아내는 암벽처럼 단호히 국민의 안녕을 위해 우뚝우뚝 일어선 것이다. 이러한 특질은 새 식민지 관리들의 네모난 얼굴과 잘 발달한 육중한 체격 등에 여실히 나타나 있었다. 이 타고난 위엄 있는 태도에 관한 한, 이들 실제적 민주주의 선구자들이 귀족원에 참가하거나, 국왕의 추밀 고문관으로 임명된다 하여도 조금도 손색이 없었을 것이다.

〈문제 4〉 제시문(라)와 (마)에 나타난 두 부류의 인간들이 가진 도덕적 기준의 상이함을 비교하고 그 이유에 대해 간략하게 쓰시오.

〈문제 5〉 제시문을 참고하여 우리 사회의 도덕적 기준에 가장 크게 영향을 끼친 역사적·사회적 환경이 무엇이라고 생각하는지, 그리고 그에 대해 어떻게 생각하는지 기술하시오.

다락원 명작노트 **038**

주홍글씨

펴낸이 정효섭
펴낸곳 (주)다락원

초판 1쇄 인쇄 2007년 4월 20일
초판 1쇄 발행 2007년 4월 27일

책임편집 난싱멸, 김지영
디자인 손혜정, 박은진
번역 한영탁
삽화 손창복

다락원 경기도 파주시 교하읍 문발리 509-1
Tel:(02)736-2031 Fax:(02)732-2037
(내용문의: 내선 520/구입문의: 내선 113-114)
출판등록 1977년 9월 16일 제300-1977-23호

Copyright ⓒ 2007, 다락원

출판사의 허락 없이 이 책의 일부 또는 전부를
무단 복제·전재·발췌할 수 없습니다.
잘못된 책은 바꿔 드립니다.

값 8,500원

ISBN 978-89-5995-153-6 43740

영어 독해력 증강 프로그램

행복한 명작 읽기

〈행복한 명작 읽기〉는 기초가 약한 영어 초급자나 초, 중, 고 학생들이 보다 즐겁고 효과적으로 명작들을 읽으며 독해력을 키울 수 있도록 개발된 독해력 증강 프로그램입니다.

책의 특징

1 골라 읽는 재미가 있다. 초보자를 위한 350단어 수준에서 중고급자를 위한 1,000단어 수준까지 5단계 구성.
2 단계별로 효과적인 영어 읽기 요령과 영문 고유의 참맛을 느낄 수 있는 장치가 곳곳에.
3 읽기만 해도 영어의 키가 쑥쑥 - 해석을 돕는 돼지꼬리(↗), 영어표현 및 문법 설명, 퀴즈가 왕창.
4 체계적인 듣기 학습까지. 전문 미국 성우들의 생동감 넘치는 원음을 담은 오디오 CD 제공.

왕초보 기초다지기

쉬운 영문을 통해 영어 독해에 대한 막연한 두려움을 없앤다.

Grade 1 Beginner — 350 words

1 미녀와 야수
2 인어공주
3 크리스마스 이야기
4 성냥팔이 소녀 외
5 성경 이야기 1
6 신데렐라
7 정글북
8 하이디
9 아라비안 나이트
10 톰 아저씨의 오두막

Grade 2 Elementary — 450 words

11 이솝 이야기
12 큰 바위 얼굴
13 빨간머리 앤
14 플랜더스의 개
15 키다리 아저씨
16 성경 이야기 2
17 피터팬
18 행복한 왕자 외
19 몽테크리스토 백작
20 별 | 마지막 수업

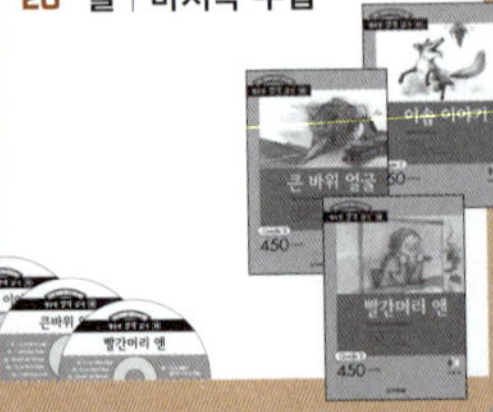

국판 | Grade 1, 2, 3 각권 6,000원
(오디오 CD 1개 포함)
Grade 4, 5 각권 7,000원
(오디오 CD 1개포함)
*어린왕자 8,000원
(오디오 CD 2개 포함)
**고도를 기다리며 9,000원
(오디오 CD 2개 포함)

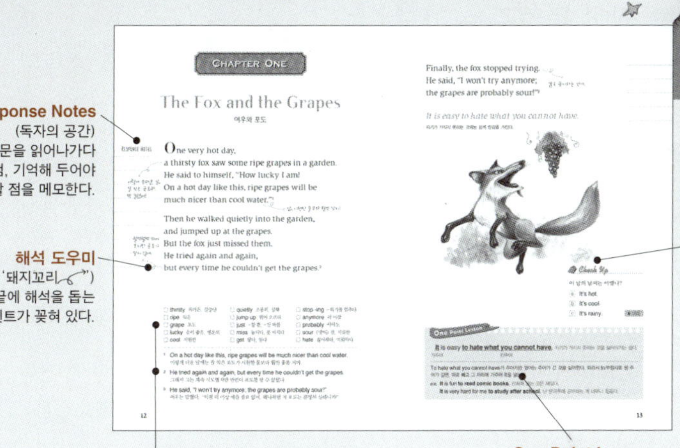

Response Notes
(독자의 공간)
영문을 읽어나가다
궁금한 점, 기억해 두어야
할 점을 메모한다.

해석 도우미
(일명 '돼지꼬리')
꼬리 끝에 해석을 돕는
힌트가 꽂혀 있다.

주요 어휘 및 문장 해석

Check-Up
내용 파악이
잘 되었는지 확인.

One-Point Lesson
주요 문법사항이나 표현에
대한 심층 분석 코너.

+ 실력 굳히기 +

실력에 맞게 효과적으로 끊어 읽으며 직독직해 훈련을 한다.

★ 영어의 맛 ★
제대로 느끼기

영문판 원서 도전을 위한
전 단계의 준비과정이다.

<table>
<tr><td>

Grade 3 Pre-intermediate

600 words

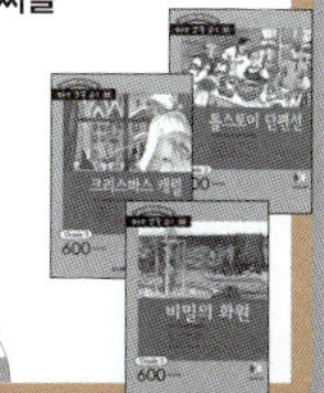

</td><td>

Grade 4 intermediate

800 words

</td><td>

Grade 5 Upper-intermediate

1000 words

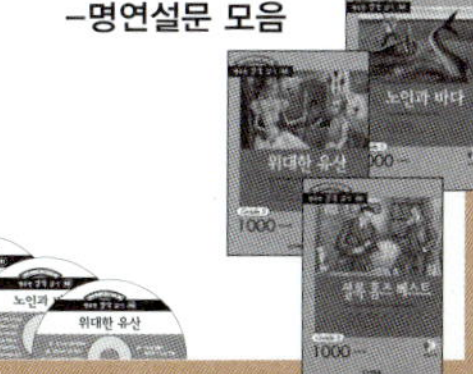

</td></tr>
</table>

콕콕 찍어 들려주는 명작 리스닝 시리즈 [전20권]

세계 명작소설을 쉽게 고쳐 쓴 중·고생용 학습 교재. 독해와 함께 청취력 향상을 위해 전 내용을 녹음하고, 매 페이지에 리스닝 포인트를 두어 한국인이 듣기 어려운 부분은 또박또박한 발음으로 반복해 들려준다. 권말에는 영어듣기 테스트를 수록해, 입시에서 점점 비중이 높아지는 듣기시험에 대비하도록 했다.

□ 각 권 4·6판/140면 내외
□ 정가: 각 권 5,800원 (테이프 2개 포함)

① **이상한 나라의 앨리스 / 백설공주와 일곱 난쟁이**
Alice's Adventures in Wonderland / Snow White and the Seven Dwarfs

② **이솝 우화**
Aesop Fables

③ **그림 동화집 / 잭과 콩나무**
Grimms Fairy Tales / Jack and the Beanstalk

④ **재미있는 이야기 / 미녀와 야수**
Famous Stories / Beauty and the Beast

⑤ **알라딘과 요술램프 / 이른 아침의 살인**
Aladdin and the Magic Lamp / Dead in the Morning

⑥ **오즈의 마법사 / 흑마 이야기**
The Wonderful Wizard of Oz / Black Beauty

⑦ **걸리버 여행기 / 쉽게 번 돈**
Gulliver's Travels / Fast Money

⑧ **거울 속의 앨리스 / 정원**
Through the Looking Glass / The Garden

⑨ **피터 팬**
Peter Pan

⑩ **큰 바위 얼굴 / 크리스마스 선물 / 알리바바와 40인의 도적들**
The Great Stone Face / The Christmas Present / Ali Baba and the Forty Thieves

⑪ **돈키호테 / 헨리 포드 이야기**
Don Quixote / Tin Lizzie

⑫ **로빈 후드 / 어느 병사의 죽음**
Robin Hood / Death of a Soldier

⑬ **신문 배달 소년 / 긴 터널 / 몰리의 순례자**
Newspaper Boy / The Long Tunnel / Molly Pilgrim

⑭ **언덕 위의 집 / 헤라클레스**
The House on the Hill / Hercules

⑮ **우주 도시로의 여행 / 요술 정원**
Journey to Universe City / The Magic Garden

⑯ **마르코 폴로 / 크리스토퍼 콜럼버스 / 올리버 트위스트**
Marco Polo / Christopher Columbus / Oliver Twist

⑰ **삼총사 / 레슬러**
The Three Musketeers / The Wrestler

⑱ **불의 전차**
Chariots of Fire

⑲ **런던 경시청 이야기 / 아서 왕**
The Story of Scotland Yard / King Arthur

⑳ **도난당한 편지 / 붉은 머리 사교회 / 트래버스 씨의 첫사냥**
The Stolen Letter / The Society of Red-Headed Men / Mr. Travers First hunt

패턴 따라 쉽게 쓰는 틴틴 영어일기 1, 2

❶ 일상생활 패턴정복
❷ 학교생활 패턴정복

중학교에 다니는 여학생과 남학생이 각각 일상생활과 학교생활을 중심으로 1년간의 일을 쉽고 재미있게 쓴 영어일기. 중학생이라면 누구나 한번쯤 겪어봤을 만한 일들을 바탕으로 한 다양한 일기 소재와 어휘가 제공되어 있기 때문에, 영어일기를 통해 영작을 연습하려는 학습자에게 큰 도움이 될 수 있는 교재이다. 중·고생뿐만 아니라, 중학 영어를 미리 예습하려는 예비 중학생들에게도 아주 효과적인 영어 학습서로 강추!

□ 정미선 지음 / 4·6배 변형 /192면
□ 정가 10,000원 (오디오 CD 1개 포함)

Teen Teen Diary (전3권)

❶ 매일 10단어로 뚝딱 중학생 영어일기

중1 수준의 어휘와 문장으로, 영어일기와 일상회화에 대한 감각을 익힌다.

□ 정미선 지음 / 신국판 / 144면
□ 정가 7,500원 (테이프 1개 포함)

❷ 매일 5문장으로 술술 중학생 영어일기

중2 수준의 어휘와 문장으로, 영어일기에 친숙해지고 자신감을 쌓는다.

□ 정미선 지음 / 신국판 / 152면
□ 정가 7,500원 (테이프 1개 포함)

❸ 매일 내맘대로 쓱쓱 중학생 영어일기

중3 수준의 어휘와 문장으로, 중학영어를 마스터하고 미국의 일상회화에 익숙해진다.

□ 정미선 지음 / 신국판 / 144면
□ 정가 7,500원 (테이프 1개 포함)

지니의 미국생활 영어일기 Hello! America (전2권)

❶ 가을학기 ❷ 봄학기

어느 한국 여학생의 미국생활 이야기를 일기 형식으로 담은 책. 1권은 '가을학기', 2권은 '봄학기'편으로, 총 1년간의 미국 학교생활 및 일상생활에 관한 흥미로운 이야기들이 담겨 있다. 미국 학생들의 실생활을 바탕으로 한 탄탄한 스토리로 살아 있는 현지 영어와 미국문화를 체험할 수 있을 뿐만 아니라, 영어 독해 및 영작 연습을 할 수 있는 아주 유용한 교재이다.

□ 이지현 지음 / 국배판 변형 / 152면
□ 정가 8,500원

Notes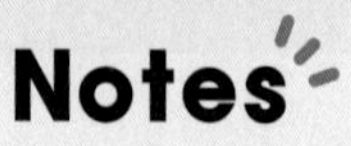

Notes

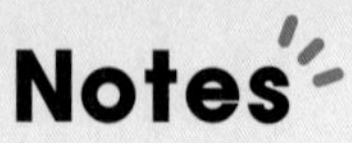

Notes